高效沟通
有技巧地说服他人

刘 斌◎著

民主与建设出版社
·北京·

©民主与建设出版社，2023

图书在版编目（CIP）数据

高效沟通 有技巧地说服他人 / 刘斌著． -- 北京：民主与建设出版社，2018.8（2023.3 重印）

ISBN 978-7-5139-2279-1

Ⅰ．①高… Ⅱ．①刘… Ⅲ．①心理交往 - 语言艺术 - 通俗读物 Ⅳ．① C912.11-49

中国版本图书馆 CIP 数据核字（2018）第 194323 号

高效沟通 有技巧地说服他人
GAOXIAO GOUTONG　YOU JIQIAO DE SHUOFU TAREN

著　　者	刘　斌
责任编辑	刘树民
出版发行	民主与建设出版社有限责任公司
电　　话	（010）59417747　59419778
社　　址	北京市海淀区西三环中路10号望海楼E座7层
邮　　编	100142
印　　刷	三河市天润建兴印务有限公司
版　　次	2018年10月第1版
印　　次	2023年3月第2次印刷
开　　本	710mm×1000mm　1/16
印　　张	14
字　　数	147千字
书　　号	ISBN 978-7-5139-2279-1
定　　价	39.80元

注：如有印、装质量问题，请与出版社联系。

目录 CONTENTS

■ 第一章　让人心动的语言艺术

- 003　每个人都渴望被赞许
- 006　用真情拨动人的心弦
- 008　一句话改变人生
- 010　多在背后赞许他人
- 012　善意调侃，适度夸大
- 014　笑一笑，十年少
- 018　多谈对方的满意之事
- 020　诙谐的自嘲艺术
- 022　奇妙应变，得当赞许
- 024　不要盲目恭维对方
- 025　奇异的话让人开心而笑

第二章　会说话是一生的财富

031　魅力四射的言语艺术
033　由于少说了一句话
035　有理且得体的劝说
037　衡之以利，引发共识
039　说好"对不住"
041　活跃的言谈具有非凡的力气
044　会说话让你卓然不凡
046　好口才是赚钱的法宝
048　看准机会再说话
050　插话要找准时机
055　该说话时就说话

第三章　求人办事的口才技巧

059　提出请求要措辞得体
063　苦苦求人不一定好使
066　靠你的决心和毅力打动别人
069　做事之前先要学会说话
073　用真感情打动对方
074　设身处地为他人着想
077　有些话要学会拐个弯说

080 让对方感同身受

083 难言的事巧妙去说

086 投其所好才能说动人心

089 坦诚的话最有力量

091 求人办事的说话禁忌

第四章 能说会道赢得人心

097 受到冷落时怎么说话

099 会说话能让你事半功倍

101 进退有据的口才技巧

105 迂回策略打动人心

107 说话要讲究点心理策略

110 一定要记住对方的名字

114 场面话不能轻易相信

117 适当的时候说一些场面话

第五章 当众演讲的口才技巧

125 直视听众,拿出你的自信

127 想着特定的听众,讲话要有针对性

129 使听众心悦诚服的演讲技巧

136　灵活采用不同的句式

141　讲好故事，扣住听众的心弦

145　演说千万不能虎头蛇尾

147　演讲时应避免的错误

第六章　拒绝的口才技巧

153　拒绝之前先想好理由

156　巧妙转移话题，拒绝对方要求

157　把握拒绝的时机和场合

159　妙用缓兵之计拒绝别人

160　用"错答"的方法巧妙拒绝

161　别不好意思，勇敢把"不"说出来

165　拒绝他人，但不要得罪人

167　对下属的要求应委婉拒绝

169　拒绝别人不要有心理负担

171　拒绝的太极心法，巧踢"回旋球"

173　抢先开口，让对方无法提出要求

174　找个挡箭牌，往别人身上推

176　拒绝领导需要大智慧

第七章　批评的口才技巧

- 181　批评容易伤人，一定要谨慎使用
- 183　批评一定要讲究方式方法
- 185　批评的六种武器
- 188　因人而异说话，提出不同批评
- 191　忠言未必逆耳，批评也能顺着说
- 194　批评是一门语言艺术
- 197　给朋友提意见的技巧
- 201　掌握好一定的尺度和分寸
- 204　以理服人，让对方心悦诚服
- 205　公平公正调解纠纷
- 207　用表扬开场，自然切入批评
- 210　迂回含蓄的批评技巧
- 212　先自责，再去批评别人
- 214　批评需要遵循的四个原则

第一章 让人心动的语言艺术

　　一个人说话的魅力，不在于说得多么流畅，多么滔滔不绝，而在于是否善于表达真诚。这种真诚就像阳光一样，是别人能够体会和感受到的。真诚不仅会赢得对方的尊重，还会提高你在别人心目中的地位。人际交往中，真诚的赞美往往能快速拉近彼此的心灵距离。

第一章
让人心动的语言艺术

每个人都渴望被赞许

每个人都有虚荣心，或多或少都喜爱被赞许的。无论是咿呀学语的孩子，还是白发苍苍的老翁。因为人都有一种想要被人肯定、被人赞许的强烈欲望。有位企业家说："人都是活在掌声中的。当部属被上级肯定、受到奖励时，他就会更加卖力地工作。"

成功学大师卡耐基也说："当我们想提高员工的工作积极性时，为何不用赞许来代替责备呢？纵然员工只有一点点进步，我们也应该赞许他。因为，那才能鼓励他人不断地改进自己。"通过鼓励和赞许来提高团队激情，是每个成功企业家的共识。因为赞许这门说话的艺术，合乎人性的法则。适当地赞许，会使人感到开心、快乐。

无数事实证明，赞美的力量是巨大的。美国历史上第一个年薪过百万的管理人员叫史考伯，他是美国钢铁公司总经理。在一次采访中，记者问他："你的老板为什么愿意一年付你超过百万的薪水，你到底有什么本事？"史考伯答复："我对钢铁懂得并不多，我最大的本事是我能让员工受到鼓舞。鼓舞员工的最好方法，即是表明真挚的赞赏和鼓励。"说穿了，史考伯即是凭他会赞许人而年薪超过百万。

1. 赞赏让人重拾信心

有些内心自卑的人，经常生活在苦恼当中，他们对生活中的不如意总是感到无可奈何。在这种时候，如果能得到一些及时的赞美，也许会改变他们的命运。

在很多年前，有一个伦敦的孩子在一家布店当店员。早上5点钟他就要起床，打扫全店，每天干十几个小时的活，那简直是苦工、奴隶。两年后，这个男孩再也无法忍受了，终于在一天早晨起床后，男孩连早餐都没吃，就跑了3里路，去找他在别人家里当管家的妈妈商议。他一边啼哭，一边发狂地向妈妈恳求不再做那份工作了，并立誓，假如再留在那店里，他就要自杀。妈妈对男孩的哭闹不知道该怎么办，但是仍然坚持让孩子回到店里去。男孩伤心极了，他又给他上学时的老校长写了一封言辞悲惨的信，说明他心已破碎，不想再活。他的老校长看信后，诚恳地给他写了一封回信，他写道："孩子，你的确是很聪明，应当适于更好的工作。但在此之前，你应该先干好手边的工作，并且抓紧一切机会读书学习、掌握更多的知识。"

收到老校长这封充满鼓励的信之后，男孩不再寻死觅活，而是开始勤奋努力，希望能够通过学习改变自己的处境。后来，男孩喜欢上了写作，老校长还给他一个教员的位置。事情就是这么奇妙，一句赞赏改变了那个孩子的前途和命运，在英国文学史上，他曾创作了76本书，留下了永久的形象。他的姓名即是韦尔斯。在称赞最细小进步的同时，要称赞每一点进步,并要"诚于嘉许宽于称道。"

2. 赞赏使人获得成功

有一个女孩,5岁就开始登台演唱。她有着美丽的歌声,她的天才从一开始就显现无疑。长大后,她的家人请了一个很有名的声乐教师来教她练习音乐。不论何时,只要这女孩一想到放弃或节奏稍微不对,教师都会马上纠正她。经过一段时间后,女孩嫁给了这位音乐老师。婚后他还是她的教师,可是她的朋友们发现她那美丽自然的歌声已有了变化,声带拉紧、硬邦邦的,不再像以前那样悦耳。渐渐地,邀请她去演唱的人越来越少,最后,甚至没有人邀请她了。而这时,她的丈夫——也是她的教师去世了。此后几年,她很少演唱,她的才华似乎干涸了,直到有一位推销员追求她。每当她哼着小调,或一个乐曲旋律时,他都会惊叹歌声的美妙,并且鼓励她说:"再唱一首,亲爱的,你有全世界最美的歌喉。"他总是这么说。

事实上,他并不确定她唱得好不好,可是他确实十分喜欢她的歌声,所以他一直对她大加赞扬。她的自信心开始恢复了,她又开始前往世界各地演唱。后来,她重新站到了舞台的聚光灯下,靠着动人的歌声赢得万众瞩目。

用真情拨动人的心弦

这里有一个关于爱心的故事,说的是有位孤独的英国老人杰克,他无儿无女又体弱多病。因为无人照顾,他决定卖掉房子,搬到养老院去。消息传出后,购房者蜂拥而至。房子的底价是8万英镑,很快就有人出价到10万英镑,可是,老杰克一直没有答应。

有一天,一个穿着朴素的年轻人敲开了老杰克的房门,他有点儿腼腆地说道:"老先生,我也很想买这栋漂亮的房子,可我现在只有5万英镑。不过,假如您把房子卖给我,我情愿让您还像以前一样生活在这里,每天都快快乐乐的。相信我,我会照顾您的!"

年轻人情真意切的一席话让老杰克十分感动,他想了想,终于颔首微笑,出人意料地以5万英镑的价钱,把房子卖给了这位穿着朴素的年轻人。

在这个故事里,这个年轻人之所以能用5万英镑,买下别人用10万英镑也买不到的房子,关键在于他那番真情的言语打动了老杰克孤独的心。我们不妨设想一下,假如不是因为身体状况的原因,老杰克是不会卖掉这栋陪他度过了大半生的房子的。

在洽谈这笔交易的时候,这位年轻人的话语中并没有华丽的辞藻,也没有虚伪的恭维之词,更不存在夸张的甜言蜜语,有的只是充溢仁爱的真情。他那朴实无华的承诺,拨动了老杰克内心深处的情感之弦,敲开了他的心门。由此可见,再华丽的语言也比不过真诚的话语,真情是打动人心的最佳途径。不论是在生意谈判还是日常交往中,只有

第一章
让人心动的语言艺术

真情的自然流露，才是至真至美的关心，才能以情感人。

秦朝末年，项羽和刘邦为了争夺天下，进行了残酷的厮杀争斗，双方旗鼓相当、难分胜负，陷入了僵持的状态。有一次，项羽正率部攻打外黄，据守外黄的守军顽强抵抗，强攻多日不见成效，项羽为此寝食难安。忽然，探子飞马前来报告：外黄的守军向彭越投降了。项羽听了之后勃然大怒，决定踏平外黄，活捉彭越。

彭越这个人是个打游击战的高手，他深知项羽的厉害，为了避免与其正面交锋，决定率部暂时撤出外黄。而最终杀进外黄的项羽余怒未消，把怨恨宣泄到了无辜的百姓身上，他下了一道残酷的指令：外黄城里15岁以上的男子，全部集中到城东活埋。

这个消息传出去之后，外黄城内人心惶惶，悲苦声四起。城内的居民辗转相托，想尽了一切办法，请求项羽取消这道指令，可是没有任何作用。暴怒的项羽听不进任何人的劝说，执意要大开杀戒。这时候，有个13岁的孩子前来拜见项羽，他说："大王的勇猛和仁义是天下皆知的，咱们外黄的守军暂时向彭越那个家伙投降，是为了避免不必要的流血牺牲。其实，百姓们都在内心盼望着大王您来救咱们。我们都认为活埋百姓的指令肯定不是大王发布的，大王爱民如子，怎能忍心杀死自己的孩子？这其中不是有人听错了，就一定是有人在假传王命，请大王明察。"

孩子的一席话把项羽抬到了爱民如子的高度，不动声色地给他送了一顶高帽子，也打动了项羽冷漠的心，他立即取消了那道残酷的指令。这即是言语的力量，一段话救了全城的百姓。

人始终是有感情的动物，都有喜怒哀乐，都喜欢被夸赞。而且越是高傲的人，越是希望得到别人的赞美。赞美犹如春日的阳光，再冷漠的心田也能被温暖起来，暴戾如项羽者，尚能在赞美中温柔起来，何况凡夫俗子呢？

一句话改变人生

一句话尽管简单，可是，只需真挚，就可以扶正他人倾斜的心灵、校对他人偏差的人生坐标、改变他人仿佛是已定的人生轨迹。

卡罗斯·桑塔纳是一位世界级的吉他大师，他出生在墨西哥，17岁的时候随爸爸妈妈移居美国。因为英语太差，桑塔纳在学校的功课开始时一团糟。有一天，他的美术教师把他叫到办公室，说："桑塔纳，我翻看了一下你来美国后的各科成绩，真是太糟了。可是，你的美术成绩却有许多'优'，我看得出你有绘画的天分，并且我还看得出你是个音乐天才。假如你想变成艺术家，那么我可以带你到旧金山的美术学院去参观，这样你就能知道你所面临的挑战了。"

几天之后，这位美术教师真的把全班同学都带到旧金山美术学院参观。在那里，桑塔纳亲眼看到了他人是怎么作画的，深切地感到自己与他们的巨大差距。

美术教师告诉他说："心不在焉、不求进取的到底进不了这里。你应该拿出比他人更多的精力，不管你做什么或想做什么都要这样。"

美术教师的这句话对桑塔纳影响至深,并一直伴随他走向成功。

语言的力量是神奇的,尤其是带着爱的鼓励的话语。

有一个叫玛莉娅的女孩,生于英国南部一个贫困家庭。她的左脸长了一颗十分丑陋的黑痣,大家歧视的眼光时时向她射来,令她痛苦不堪。为了躲避四周那些冷酷的眼光,她只好一个人偷偷地躲起来看书。

一天,牛津大学的一位著名教授,意外地发现了这位正陶醉于书海中的女孩。他情不自禁地对靠拢在他四周的大家说道:"这位小女孩双目炯炯有神,才智必定非凡过人,将来必定是这个小镇上最有出息的人。瞧,她脸上的那颗痣即是她日后卓尔不凡、超群脱俗的标志。"

这句话传开之后,小女孩的命运顿时发生了奇迹般的变化。她的父亲对她格外疼爱,先前那些歧视和冷酷的目光也换成艳羡的眼光,甚至还有富人主动出钱,为她提供最好的求学条件。小女孩也像换了一个人似的,变得格外勤奋和自信起来。后来,小女孩果然不负众望,获得了剑桥大学的博士学位,日后又变成英国著名的高等学府——爱丁堡大学最年轻的女教授,并变成一名资深的年轻社会活动家,同时还担任了伦敦市长助理一职。

相信这个故事对我们每个人都有着不同程度的启示。作为爸爸妈妈,你可以这样想,孩子的成功离不开鼓励;作为教师,你可以这样想,赏识学生是多么的重要;作为一个看客,你可以这样想,对人不要太冷酷,要有爱心……

多在背后赞许他人

德国历史上的"铁血宰相"俾斯麦为了拉拢一位敌视他的议员，便有计划地在他人面前说那位议员的好话。俾斯麦知道，那些人听了自己对议员说的好话后，必定会把他的话传给那位议员。后来，两人便成了无话不说的兄弟。

人通常喜爱听好听的话，即使明知对方讲的是阿谀话，心里仍是免不了会沾沾自喜，这是人性的弱点。一个人听到他人说自己的好话时，绝不会感到厌恶，除非对方说得太离谱了。

在现实中，我们通常看到这样的现象：当爸爸妈妈希望孩子用功读书时，采用当面教训孩子的方法，仍是很难取得一些作用。可是，假如孩子从他人嘴里知道爸爸妈妈对自己的期望和关怀，爸爸妈妈在自己身上倾注了许多心血时，便会产生极大的动力。

卡尔上初中后，因为他父亲去世的影响，学习成绩逐渐下降。他的妈妈苏珊想方设法帮助他，可是她越是想帮儿子，儿子离她越远，不肯和她沟通。卡尔学期结束时，成绩单上显示他现已缺课95次，还有6次考试不及格。这样的成绩预示他极有可能连初中都毕不了业。苏珊想了许多办法，比如带他到学校的心理教师那里去咨询，软硬兼施、要挟、苦口婆心劝他甚至乞求他。可是，这一切都无济于事。卡尔依然我行我素。

一天，正在上班的苏珊接到一个自称是卡尔学校的心理辅导教师的电话。教师说："我想和你谈谈卡尔缺课的情况。"

第一章
让人心动的语言艺术

教师刚说了这一句，不知为啥，苏珊突然有一种想倾诉的冲动。所以她坦率地把自己对卡尔的爱，对他在学校里的表现所产生的无奈，她自己的苦恼和悲痛，毫无保留地统统向这个从未谋面的陌生人一吐为快。苏珊最后说："我爱儿子，我不知道该怎么办。看他那个样子，我知道他还没有长大，他是一个好孩子，只需他尽力，他会学出好成绩，我相信他，我的儿子是最棒的。"

苏珊说完之后，电话那头一阵缄默沉静。然后，那位心理辅导教师严厉地说："谢谢你抽时间和我通话。"说完便挂上电话。

卡尔的下一次成绩单出来了，苏珊高兴地看到他学习有了明显的前进。后来卡尔一跃变成班上的头几名。

一年过去了，卡尔升上了高中，在一次家长会上，教师介绍了他怎样从差生向优生的改变过程，还夸奖苏珊教子有方。

回家的路上，卡尔问苏珊："妈妈，还记得一年前那位心理辅导教师给您打的电话吗？"苏珊点了点头。

"那是我。"卡尔承认说，"我本来是想和您开个玩笑的。可是我听见了您的倾诉，心里很难过。我就想，是我伤了您的心。这使我很震惊。那时我才意识到，爸爸去世了，您多不容易啊！我必须尽力，再也不能让您为我操心了，我下定决心，必定要让您为有我这个儿子而骄傲。"

卡尔的一席话，使苏珊的心里顿时充满了温暖。

请多多和孩子沟通与交流，让相互的心灵不再遥远。假如你对孩子有什么看法和建议，不妨找个时机开诚布公地谈一次。

又如，当下属的人，平时上级在自己面前说了许多勉励的话，但仍是没有多大感受。当有一天从第三者的口中听到了上级对自己的赞赏后，深受感动，从此更加尽力工作，以酬谢上级对自己的"知遇"之恩。

多在第三者面前去说一个人的好话，是使你与那个人关系融洽的最有效的方法。假如有一位陌生人对你说："某某兄弟经常对我说，你是位很了不起的人！"相信你感动的心情会油然而生。那么，我们要想让对方感到愉悦，就更应该采取这种在背后说人好话的战略。因为这种赞许比起一个魁梧的男子当面对你说"先生，我是你的崇拜者"更让人舒坦，更容易让人相信它的真实性。这种方法不仅能使对方愉悦，更具有表现出真实感的优点。

善意调侃，适度夸大

一次，马克·吐温坐火车去外地讲课。快到讲课的时间了可是他还没到目的地，他心里十分着急，但火车的速度并不会因他的心情而改变，依旧开得很慢。

所以，马克·吐温计划调侃一下列车员。当列车员过来查票时，马克·吐温取出一张儿童票递给他。这位列车员也很诙谐，假装细心审察了一下马克·吐温，说："看不出您仍是个孩子啊！""我现在已不是孩子了，但我买票上车时确实仍是个孩子。"马克·吐温诙谐地

第一章
让人心动的语言艺术

答复。

火车开得慢是事实,但绝不至于慢到让一个人从小孩长成大人。马克·吐温在这里将车慢的程度进行了无限夸大,产生了特别的诙谐作用,用这样的方法调侃一下列车员,显得别有情趣。

林肯总统无疑是美国历史上最诙谐、最伟大的领导人之一,在他传奇的一生中流传着无数的诙谐故事,这也是我们喜爱他的一个重要原因。

一次,当林肯正在擦自己的皮鞋时,一个法国外交官向他走来。

"怎么,总统先生,您竟然擦自己的鞋子?"法国外交官惊奇地问。

"是的。"林肯答复,"那么你擦谁的鞋子?"

善意的调侃,是大家日常攀谈时制造诙谐、活跃氛围的一种方法。调侃有许多窍门,而夸大则是其中最简单掌握而又最为实用的窍门之一。

柯林斯是第一批登入月球的航天员。有一次参加一个私人宴会,酒足饭饱之余,大伙儿起哄请求他进行即兴演说。柯林斯推辞不过,只得站起身来,高举双手让大家安静下来,随即便开口问道:"我想提出一个老问题,终究谁比较话多?是女性,还是男性?"

因为美国人有携伴参加晚宴的礼节习惯,餐会中的宾客们,在柯林斯的问题提出来之后,所有人当即分成了两派,两边的人数居然不相上下:认为男子话多的,清一色全都是女性;而认为女性话多的,全部都是男子。

柯林斯满意地看了看两边的男男女女,继续他的话题:"根据社会行为学专家的研究证实,女性平均一天说大约两万八千个字;而男子一天当中,则说三万三千个字。所以,按照科学的观点来看,应该是男子比较话多。"宴会中立刻传出一片嘈杂的嗡嗡声,女性们满意地向她们的男伴示威,而男性则对柯林斯发出不平之鸣。

柯林斯再次挥了挥手,等众人平静下来之后,他继续说道:"这期间的问题是,每天当我在外面工作,将配额内的三万三千字说完,下班回到家里时,我太太的那二万八千个字才刚要开始。"众人跟着柯林斯的话沉寂了片刻,立刻爆发出一阵火热的掌声及喝彩。看来,似乎每个人都对这样的成果满意到了极点。

其实,夸大是一种不难掌握的调侃方法,在人调侃时,它会让听话人和说话人处于轻松和愉快之中。当然,夸大也需要有必定的资料,比如场合、情境等,懂得把握好这些资料,奇妙地运用夸大的说话窍门,就能为你的语言增添不少颜色。

笑一笑,十年少

我国有一句谚语"笑一笑,十年少"。可见,笑对于人类有益无害。诙谐,作为笑的媒介,则会引起大家发笑。

如有一篇名为《挤车的诀窍》的讽刺小品,写得诙谐又不浅薄,让我们来欣赏其间精彩的片段:

尽管车辆添加、修建地铁、扩展环行路……可哪里赶得上人生得快!

所以，上下班乘车，就成了一门"学问"。

先说上车。车来时，上策为"抢位"——犹如球场上的"抢点"。准确计算位置，车门停在身边，可收"先据要津"之利，当然，必须顶住！此中诀窍：上身倾向来车方向，稳住脚跟，千万莫被随车涌来的人流冲走（好在你身后还有助力之人）。中策则为"贴边"。外行正对车门，拥来晃去，枉费心力。尤其是北京与外地不同，哈尔滨上车是"能者为王"，上海人多少顾及颜面，但动辄大呼小叫，使你无心恋战。北京人又要讲点风格，又要赶忙上车，车门前并非好去处。你是否留意过：售票员洗车，从来无须擦车门两旁——那里全被精明的挤车人蹭得一干二净了！贴住边，扮出一副泰然自若的样子，一点一点把"无根基"者拱开，只需一抓住车门，你就赢了。下策呢，可称"挂搭"。一般人，见车门内外大家龇牙咧嘴之惨状，早已退避三舍了。司机呢，只要车门关不上，也不敢贸然走车。这时，你将足尖嵌入车门（万勿伸脑袋），然后紧靠门边，往里"鼓涌"，自可奏效。

看到这段话，凡挤过车的人都要捧腹大笑的。作者观察细心，对各地的乘车情况了解得清清楚楚，使人如入其境，遣词造句既得当又诙谐，使人既了解北京挤车之难，又能以轻松的心境对待之。消除忧患，实在是十分奇妙。

多数人都对年龄渐长等问题有难以解脱的烦恼，让我们看看应怎样以诙谐的态度来对待这个难题。

著名演说家罗伯特说："我争取在最年轻的时候死去。"他不论在私下还是在公共场合，都把年龄看得很轻，他以一颗年轻并富有趣味的心而出名。因此，在他70岁生日那天，他还签了一个为期5年的讲演合同。诙谐既是这样，让人心胸开阔，延年益寿。

每个人无论在怎样的环境中生活，都会经常碰到各种各样的矛盾，有的甚至是相当棘手的难题，需要你去妥善处理。智者的体验是：不轻松的问题，可以用轻松的方法来解决；严厉之门可以用诙谐的钥匙开启。

有一位大学生思想很活跃，且为人诙谐。他在当了推销员之后，萌生出一个好主意。有一次他走进一家报馆问："你们需要一名有才干的编辑吗？"

"不。"

"记者呢？"

"也不需要。"

"印刷厂如有缺额也行。"

"不，我们现在什么空缺也没有。"

"那你们必定需要这个东西。"

年轻的推销员边说边从皮包里取出一块精美的牌子，上面写着："额满，暂不雇人"，如此轻而易举地就促成推销实在是妙。

美国俄亥俄州的著名演说家海耶斯，三十年前仍是一个初出茅庐、畏缩不前的实习推销员。一次，一个老练的推销员带着他到某地推销收银机。这位推销员并没有电影明星推销员那样仪表堂堂的容颜，他身材矮小、肥胖，红彤彤的脸充满着诙谐感。

当他们走进一家小商店时，老板粗声粗气地说："我对收银机没有爱好。"这时,这位推销员就倚靠在柜台上,咯咯地笑了起来,仿佛他刚刚听到了一个世界上最妙的笑话。店老板直愣愣地瞧着他,不知所以。

这时,这位推销员直起身子,微笑着道歉:"对不住,我忍不住要笑。你使我想起了另一家商店的老板,他跟你相同地说没有爱好,后来却成了我们熟识的顾客。"

然后这位老练的推销员不苟言笑地展示他的样品,历数其优点。每当老板以比较平缓的语气表明不感兴趣时,他就笑呵呵地引出一段诙谐的回想,又说某某老板在表明不感兴趣后,结果仍是买了一台新的收银机。旁边的人都瞧着他们,海耶斯又困窘又尴尬,心想他们必定会被当作傻瓜赶出去。可是说来也奇怪,老板的态度居然改变了,想搞清楚这种收银机是不是真有那么好。不一会儿,他们就把一台新收银机搬进了商店,那位推销员以行家的口吻向老板说明了具体用法。结果这位推销员运用诙谐的力量跨过了严厉之门,取得了成功。

诙谐能使你旷达超逸、使你生气勃勃;诙谐能使你具有影响力,使你打破僵局,摆脱困境;诙谐是润滑剂,也是成功者的禀性。所以无论是兄弟共处,还是要变成一个优异的推销员,都应富有诙谐感。

多谈对方的满意之事

人总是喜爱被赞许的。现实生活中，无论是与兄弟还是客户攀谈，不妨多谈论对方的满意之事，这样就能容易赢得对方的认同。假如恰到好处，他肯定会高兴，并对你有好感。

美国著名的柯达公司创始人伊斯曼，捐赠巨款在罗彻斯特建造了一座音乐堂，一座留念馆和一座戏院。为承揽这批建筑物内的座椅，许多制造商展开了激烈的竞争。可是，找伊斯曼谈生意的商人无不乘兴而来、败兴而归，一无所获。正是在这样的情况下，"美丽座位公司"的经理亚当森，前来会见伊斯曼，希望能够得到这笔价值9万美元的生意。

伊斯曼的秘书在引见亚当森前，就对亚当森说："我知道您急于想得到这批订购，但我现在可以告诉您，假如您占用了伊斯曼先生5分钟以上的时间，您就完了。他是一个大忙人，所以您进去后要快快地讲。"亚当森微笑着点头称是。

亚当森被引进伊斯曼的办公室后，看见伊斯曼正埋头于桌上的一堆文件，于是静静地站在那里细心地审察起这间办公室来。

过了一会儿，伊斯曼抬起头来，发现了亚当森，便问道："先生有何见教？"

秘书把亚当森做了简单的介绍后，便退了出去。这时，亚当森没有谈生意，而是说："伊斯曼先生，在我等您的时候，我细心地观察了您这间办公室。我本人长期从事室内的木工装修，但从来没见过装修得这么精致的单位。"

伊期曼答复说:"哎呀!您提醒了我差不多忘记了的事情。这间办公室是我亲手设计的,最初刚建好的时候,我喜爱极了。可是后来一忙,一连几个星期我都没有时间细心欣赏一下这个房间。"

亚当森走到墙边,用手在木板上一擦,说:"我想这是英国橡木,是不是?意大利的橡木质地不是这样的。"

"是的,"伊斯曼高兴得站起身来答复说,"那是从英国进口的橡木,是我的一位专门研究室内橡木的兄弟专程去英国为我订的货。"

伊斯曼心情极好,便带着亚当森细心地参观起办公室来了。

他把办公室内一切的装饰一件件向亚当森做介绍,从木质谈到份额,又从份额扯到颜色,从手艺谈到价格,然后又详细介绍了他设计的经过。

此刻,亚当森微笑着聆听,饶有兴致。他看到伊斯曼谈兴正浓,便好奇地询问起他的经历。伊斯曼便向他叙述了自己苦难的青少年时代的生活、母子俩怎么在贫困中挣扎的情景、自己发明柯达相机的经过以及自己计划为社会所做的巨额的捐赠……

亚当森由衷地赞扬他的积德行善心。

本来秘书警告过亚当森,说话不要超过5分钟。结果,亚当森和伊斯曼谈了1个小时又1个小时,一直谈到中午。

最后,伊斯曼对亚当森说:"上次我在日本买了几张椅子,放在我家的走廊里,因为日晒都脱了漆。昨天我上街买了油漆,计划由我自己把它们重新油好。您有兴趣看看我的油漆表演吗?好了,到我家里和我一起吃午饭,再看看我的手艺。"

午饭之后,伊斯曼便动手,把椅子逐个漆好,并深感自豪。直到和亚当森告别的时候,两人都未谈及生意。最后,亚当森不但得到了大批的订单,并且和伊斯曼结下了终身的友谊。

为啥伊斯曼把这笔大生意给了亚当森,而没给他人?这与亚当森的口才很有关系。假如他一进办公室就谈生意,十有八九要被赶出来。亚当森成功的诀窍就在于他了解谈判对象。他从伊斯曼的公司入手,巧妙地赞扬了伊斯曼的成就,谈得更多的是让伊斯曼的满意之事,这样,就使伊斯曼的自尊心得到了极大的满足,把他视为知己。这笔生意当然非亚当森莫属了。

诙谐的自嘲艺术

善于自嘲一向被视为语言艺术的最高境界。一个善于自嘲的人,通常是一个旷达、乐观、超逸的人,是一个富有才智和情趣的人,也是一个勇敢和坦诚的人,更是一个将自己里里外外看得很明白的人。事实上,善于自嘲既不会损伤自己,也不会损伤他人,反而是交际中最为安全的沟通方法。它可以用来活跃氛围,添加人情味;可以用来稳定情绪,赢得自信;也可以用来作为回绝之词,增进交际两边的情谊。

有一位身材矮小的教师初次走上讲台时,学生们有的面带嘲讽,有的在暗中取笑。假如这位教师用严厉的目光扫视一下,或许能挽回

第一章
让人心动的语言艺术

一些体面,或者给学生讲讲拿破仑、爱因斯坦等巨人的故事,这样也可以为自己挽回一些自尊。但是,这位教师却说:"上帝对我说,如今大家做事没有计划,在身高上盲目发展,这将造成严重后果,我虽多次警告,但大家老是不听,就派你先去人间做个示范吧。"一席话让学生们对教师敬仰起来,忘记了教师身材矮小的缺点。

胡适是民国时期很有名气的大学者。一次,他给大学生们上课时引证孔子、孟子、孙中山的话,在黑板上写"孔说"、"孟说"、"孙说",而在发表自己的见地时,却在黑板上写"胡说",惹得学生们捧腹大笑。胡适妙用"胡说",活跃了课堂氛围、缩短了师生间的距离,也增强了亲切感。

人际交往中,在人前蒙羞、处境尴尬时,用自嘲来对付窘境,不仅能很容易找到台阶,并且多会产生诙谐的作用。所以自我解嘲、自己先笑起来,是很高超的一种脱身手段。

1990年,中央电视台约请台湾演员凌峰参加春节联欢晚会。当时,许多观众对他还很陌生,可是他说完那句妙不可言的开场白后,一会儿就被观众认同并受到了热烈欢迎。

他说:"在下凌峰,我和文章不相同。尽管我们都获得过'金钟奖'和'最佳男歌星',称谓,但我以长相丑陋而出名。一般来说,女观众对我的印象不太好,她们认为我是人比黄花瘦,脸比煤炭黑。"这一番话戏而不谑、妙趣横生,令观众捧腹大笑。

这段自我解嘲的开场白,给大家留下了十分坦诚、诙谐、良好印象。

不久,在"金话筒"之夜文艺晚会上,只见他满面含笑地对观众说:

"很高兴见到你们,你们很不幸又见到了我。"观众报以热烈掌声。至此,凌峰的知名度迅速提高,他的名字迅速传遍祖国大地。

凌峰使观众由陌生到熟悉、由熟悉到喜爱,很大程度上要归功于他那诙谐的开场白。他凭借自己的长相,不惜自嘲,但又自嘲得很有分寸、很有水平,因此为自己树立了很好的社会形象。

奇妙应变,得当赞许

通常大家在进行交流或辩论的时候,有一个基本的要求,即是对两边评论的同一个概念要取得一致的认同,这在逻辑上叫做"同一律"。而移花接木,则是巧妙地偷换概念,和原来的含义相反,这样,也能产生诙谐作用。看下面这个例子:

一位长官到连队巡查,正赶上战士们吃中午饭。

"伙食怎么样?"长官问战士们。

"报告长官,汤里泥土太多。"一个多嘴的战士答复。

"你们入伍是为了保卫国土,而不是挑剔伙食!"长官十分生气地大声斥责道,"难道这个道理都不懂?"

"懂!"战士毕恭毕敬地立正后,又大声说道,"但绝不是让我们吃掉国土。"

一句话,说得长官顿时对这位战士刮目相看了。从那之后,战士们的伙食很快得到了改善。

第一章
让人心动的语言艺术

"泥土"与"国土"意义相差甚远,但战士却能不无相关地与国家的形势、国土的沦丧和战士的职责密切地结合在了一起。既表现了一个战士对祖国的忠诚,又巧妙地达到了改进伙食的目的,同时还给枯燥无味的军旅生活带来了无限生趣。

一个人在市场上买了七只来自异国的麻雀,准备进献给本国的国王。但他想到七是个不吉利的数字。假如就这样呈献上去,他担心国王会生气,所以决定混一只本国的麻雀进去,凑够八只献给国王。

国王见到来自国外的八只麻雀,果然很高兴。但当他细心玩赏一番后,赫然发现其间有一只本国的麻雀混迹其间,当即大怒:"这是怎么回事?是不是你成心混入来欺骗我孤陋寡闻的?"那人吓了一跳,但他立刻冷静下来,解释道:"陛下的眼睛果然厉害!可是陛下,这只本国的麻雀,是别的7只外国麻雀的随行翻译啊!"

这番解释尽管有几分荒谬,但他能够急中生智,对国王阿谀得当,最后仍是得到了嘉奖。

与上级保持良好沟通的窍门十分微妙,要学会在适当的时机,做合适的事情,说得当的话。

一次,曾国藩用完晚饭后与几位幕僚闲谈,评论当今英雄。曾国藩说:"彭玉麟、李鸿章都是大才,为我所不及。我可自许者,仅仅生平不好谀耳。"

一个幕僚说:"各有所长,彭公威猛,人不敢欺;李公精敏,人不能欺。"说到这里,他突然意识到什么,停了下来。

曾国藩又问:"你们认为我怎样?"

众人皆低头做沉思状，不敢妄加评论。

这时，一个主管抄写的后生插话道："曾师是仁德，人不忍欺。"众人听了一齐拍手称赞。

曾国藩听了这话十分受用，谦虚地说道："不敢当，不敢当。"后生告退而去后，曾国藩问起刚才说话人的一些情况。幕僚告诉他说："此人是扬州人士。入过学，家贫，办事还谨慎。"曾国藩听完后说："此人有大才，不可埋没。"

不久，曾国藩升任两江总督，这位后生在曾国藩的推荐下出任扬州盐运使一职。

真可谓是区区一句话，胜读十年书。这位后生正是抓住了曾国藩自认为"仁德"这一点，对其进行了得当的赞许，结果飞来横福。由此可见，只需对人赞许恰到好处，其作用通常是出人意料的。

不要盲目恭维对方

凡说赞许的话，必定要切合实际，并且要言之有物。比如到他人家里做客，与其不切实际地乱捧主人一场，不如赞许主人房间布置得别出心裁、壁上的一幅上乘之作或盆栽的精巧。若要取得他人的喜爱，我们就要尽量发现他人的爱好并加以发挥。若主人爱狗，不妨赞许他的狗；若主人爱金鱼，则不妨说说自己怎么欣赏那些鱼的美丽。赞许他人最近的工作成绩、最心爱的宠物、最费心血的设计，比说上许多无谓虚浮的客气话更为明智。特别关怀他人的某一种事物,必使人在欣喜之外还觉感激。

假如我们对他人没有认真地研究过,就不可盲目地恭维对方。只有发自内心由衷的赞赏他人的话,才能感动他人,引起他人的好感。比如,对一个有名望有地位的人,赞许他时,我们首先要想到,他能够变成名人,必定是在自己的工作中有特别的奉献。而在他成名之后,恭维他的工作成绩的人必定很多,积久当然也就会生厌了。若我们仍然依葫芦画瓢地用他人所用过的话来恭维他,是不会使他觉得高兴的。所以,我们的恭维若不能别出心裁,则无济于事。对这种人,最好拣工作以外的别的事情去赞许他。

奇异的话让人开心而笑

某人要出国进修,他的妻子半开玩笑地说:"你到那个花花世界,说不定会看上别的女性呢!"他笑道:"你瞧瞧我这副尊容:瓦刀脸、罗圈腿,站在路上怕是人家眼角都不抬呢!"一句话把妻子逗乐了。

人人忌讳提自己长相上的缺点,可这位老公却能够承受自己的先天不足,并不在意揭丑。这样的自嘲表现了人生才智,比不苟言笑地向妻子发誓绝不拈花惹草,其作用不是更好吗?

人际交往中,当你陷入尴尬的境地时,凭借自嘲通常能使你从中体面地脱身。在某俱乐部举行的一次招待会上,服务员倒酒时,不慎将啤酒洒到一位客人光亮的秃头上。服务员吓得不知所措,全场人目瞪口呆。这位客人却微笑地说:"老弟,你认为这种医治方法会有效吗?"在场的人闻声大笑,尴尬局面即刻被打破了。这位客人出乎意料的诙谐,既展示了自己的大度胸怀,又维护了自我尊严,消除了耻辱感。

在有些生活场景里,听众的提问旨在寻求答案。假如不好直接答复,不妨成心错位,从具体的生活细节着手,将大问题转向小问题,好像在答复对方提问,又让对方抓不住任何实质性信息,从而机智地化解窘境。

某君在单位做业务报告,报告结束后,有同事当场提问:"像你这样才华横溢的人,这个公司看来是不适合你了,你准备什么时候走?"

"做完报告就走。"回应他的是台下热烈的掌声。

同事的提问显然具有某种挑战性,这个问题很敏感,不能回避。回避有默认的意味,会给今后的工作带来障碍;假如直接否定,今后有时机走时,岂不是在故弄玄虚?而"做完报告就走"意思就耐人寻味了。同事所谓的"走",是指"离开职业环境",而他答复的"走",是指"离开空间环境"。这一高明的答复,他人怎么理解都只能是猜测。

诙谐是一种从严重的期待,突然转化为虚无的豪情。下面的例子就很好地证明了这一点。

一个人要出远门,临行时嘱咐其子道:"我走后,假如有人来找我,你就说我有点儿小事出门了,并请他进屋喝茶。"此人深知其子愚呆,怕他忘记,又把这番交代的话写在纸上。儿子把纸条放在袖子里,时不时拿出来看看,可是过了三天,还不见有人来。儿子认为这纸条没

第一章
让人心动的语言艺术

用了，就把它给烧了。在纸条烧后第二天，来了个人找他父亲，儿子急忙到袖子里找纸条，找不到，便说："没了。"客人一听，认为他父亲死了，惊问："几时没的？"儿子答复说："昨天晚上就烧了。"

风平浪静的水面，投进一块石头，就会发出响声。常规思维的心思，被超凡的信息搅扰，也会引起心波荡漾、心花怒放。而奇异、荒谬，既是这种超凡的信息，也是诙谐之所以搞笑的原因之一。

即景生题，开场讲演者假如一上台就开始进入主题讲演，会给人生硬突兀的感觉，让听众难以接受。不妨以眼前的人、事、景为话题，引申开去，把听众不知不觉地引入讲演之中。

1863年，美国葛底斯堡国家烈士公墓竣工。落成典礼那天，国务卿埃弗雷特站在主席台上，只见人群、麦田、牧场、果园、连绵的丘陵和高远的山峰历历在目。他心潮起伏、感慨万千，当即改变了原先想好的台词，从此情此景谈起：

"站在蓝蓝的天空下，从这片经过大家终年耕耘而今已安静憩息的辽阔田野放眼望去，那雄伟的阿勒格尼山隐隐约约地耸立在我们的前方，兄弟们的坟墓就在我们脚下，我真不敢用我这微乎其微的声音打破上帝和自然所安排的这意味无穷的平静。可是我必须完成你们交给我的职责，我祈求你们，祈求你们的宽容和同情……"

这段开场白语言美丽、节奏舒缓、豪情深沉，人、景、物、情是那么完美而又自然和谐地融合在一起。据记载，当埃弗雷特讲完这段话时，不少听众已泪水盈眶。

需要留意的是，即景生题不是成心绕圈子，不能离题万里、漫无边际地东拉西扯，否则会冲淡主题，也使听众感到倦怠和不耐烦。讲演者必须要心中有数，还应留意点染的内容必须与主题互相辉映、浑然一体。

1945年5月4日，云南大学、中法大学等校的大学生，在云南大学的操场上举行纪念五四运动大会。会议开始不久，突降暴雨，会场秩序大乱。此刻，闻一多先生迎着暴雨站在台上高呼："热血的青年还怕雨吗？今日是天洗兵！武王伐纣那天，陈师牧野的时候，戎行正要出发，全国大雨。所以领头人说：'此天洗兵。'意思是把蒙在甲胄上的灰尘洗干净，好上战场攻打敌人。今日，我们集合起来纪念五四运动，全国下雨，这也是天洗兵！不怯弱的人上来、走近来！勇敢的人走拢来！"

闻一多这段即兴讲演的开场白，成功地借用了"景（雨）"和"情（下雨）"，引出武王伐纣"天洗兵"的故事，召唤青年们继承"五四"光荣传统，饱尝暴雨的洗礼，做一个坚强的民主革命战士。这段开场白既切景切情，又切合大会的宗旨，颇具鼓动力、召唤力。

第二章 会说话是一生的财富

言语是人际沟通的通行证，是展现个人形象的一张精美名片。良好的言语是现代人才必备的能力之一，是提高素质、开发潜力的首要路径之一。人际交往中，良好的言语修养占有重要位置，假如能够掌握言语的精髓并加以运用，就必定能做到说话有水平、生活有色彩、人生有魅力。

第二章
会说话是一生的财富

魅力四射的言语艺术

语言是一门艺术,更是一门实用的技术,会说话的人左右逢源,不会说话的人往往寸步难行。在竞争激烈的现代社会,掌握这门说话的技术,可以大大提高一个人的竞争力。

一天,一个衣着寒酸的年轻人来到当地一家颇具规模的公司,他是来应聘的。人事部经理出于怜惜,勉强让他坐下,内心谋划着找一个理由让他体面而退。正所谓人不可貌相,出人意料的是,年轻人三言两语就感动了人事部经理,原本的几分钟变成了一个多小时。谈话结束后,人事部经理将这位年轻人郑重地介绍给了公司的董事长。董事长一番面试,同样为年轻人的睿智所信服,不仅盛情款待了他,还为他安排了一个重要的工作岗位。

这位外表看上去困顿失意的年轻人,靠什么魔力在短短的时间内影响了两位非常重要的人物呢?是他高雅的谈吐打动了他们的内心,使对方完全忘掉了他外在的形象。

前任哈佛大学校长伊勒特曾说:"在形成一个上流人的教育中,有一种训练是必不可少的,那即是优美而文雅的谈吐。"人际交往中,言语的重要性由此可见一斑。

我国有一位著名的画家,以擅长画牡丹闻名海内外。他旅居海外期间,一位国会议员慕名买了他一幅牡丹画,回去后很高兴地挂在客厅里。一位朋友来访,看到后大呼不吉利,由于这幅牡丹没有画完整,缺了一部分。牡丹代表富贵,缺了一角,用我国话说岂不是"富贵不全"吗?议员一看,也大吃一惊,认为牡丹缺了一边是对他的不尊敬,恳求画家给他重画一幅。画家听了他的理由,灵机一动,告诉这位议员,已然牡丹代表富贵,缺了一边,不恰是代表"富贵无边"吗?听了画家的解释,议员又高高兴兴地把画捧回去了。

我国人讲究"看客下菜,量体裁衣",指的是办事时要看具体状况,灵活机动,不能拘泥于现成的条文,生搬硬套。说话也是这样,要看具体状况,灵活机动,因人而异。鬼谷子在《权篇》中,将其间的说话窍门演绎得酣畅淋漓:"与智者说话,要以渊博为准则;与拙者说话,要以强辩为准则;与善辩的人说话,要以简要为准则;与尊贵的人说话,要以吹鼓气势为准则;与富人说话,要以高雅洒脱为准则;与穷人说话,要以好坏为准则;与卑微者说话,要以谦恭为准则;与勇敢者说话,要以果敢为准则;与上进者说话,要以锐意进取为准则。"

会说话是一种艺术。相同一句话,不同的人说了,表达的作用会大相径庭。

有的人尽管滔滔不绝、口若悬河,但由于是老生常谈,不能给人留下什么印象;而有的人,却能挥洒自如地运用言语的魔棒,或一语中的,或长篇大论,或机智幽默,或生动形象。后者调动了言语最活跃的因素,发挥了言语最突出的表达功能,一开口便让人难忘。

由于少说了一句话

有一位服务于某大型电脑公司、担任体系工程师的职员。他在公司已服务六年,技术优秀并很照顾晚辈,上级对他也刮目相看。但他却在一次与客户的交涉中,犯了意想不到的大过错。

某客户想买这家公司的电脑,因而召集员工听该电脑公司的人讲解。这位体系工程师极认真而详细地阐明电脑的操作和内容。在阐明会的休息时间里,他前往洗手间,要洗手时才发现没有洗手用的香皂。他看见隔壁放着一块,但正好有一位白叟在用,这位工程师由于赶时间,并未向白叟打声招呼就径自伸手将香皂取过来用,然后在隔壁随意抓把卫生纸擦手,就匆匆走出去。

那位白叟对这位工程师的所作所为觉得很生气,认为不招呼一声就随意用他人位子上的东西,是很不礼貌的行为。而这位白叟恰是这家客户的董事长。

"这么不懂礼貌的人,是哪家公司的人呢?"这位董事长一询问,知道他是电脑公司派来阐明的工程师,结果使得原来要成交的电脑被退了回去。这么一来,电脑公司也开始调查原因。后来,电脑公司董事长特地到这家公司谢罪,但仍是无法挽回工程师所造成的恶果,工程师也因此而引咎辞职。

这位原本很有前途的优秀工程师,若能在洗手时多说一句:"对不住,让我先用一下。"整个情况都将随之改观。由此可见,简单的一句话,也是不容忽视的。

倘若常常觉得"这种小事不说也无妨,对方必定会知道的"或认为"芝麻小事,不说也罢",这就错了。自己这么想,对方是不是也这么想呢?所以,尽管是芝麻小事,仍是要经由嘴里讲出对方才能了解、谅解。

尽管电脑公司的人前去对生气的董事长道歉,但并没有缓和彼此间的气氛,反而加深其间的裂痕,这样的例子并不少见。

前去抱愧的人,心里总是难过,头也是垂下的。抱愧之前,总想先解释事情,结果通常忘了说几句对不住的话,反而更导致对方的不满。

所以去道歉的人,看到对方马上要先说:"真对不住,我错了。"然后再阐明事情也不迟。在阐明时,也不要忘记强调歉意,并说:"真的很抱歉""你所说的很有道理。"或说:"我了解你的意思。"听对方说话时,在必要时候,还要附和,这样对方的火气才会降下来,并通过这次会谈使彼此之间增加沟通。这种在与人交涉方面很能干的人,在公司容易受上级重视,也受客户欢迎。

在恰当时候说恰当的话,会使不利的状况转为有利。在交涉中若有意见,必定要诚恳说出来,如此一来,相互的依赖感才会加深一层。

第二章
会说话是一生的财富

有理且得体的劝说

在人际交往中，常常会有不同的意见和看法，这时，你要劝说他人从他的立场上改变到你的立场上，假如说话不当，就会使他人下不了台阶而没有体面，甚至有可能使他人恼羞成怒，与你发生争执。

例如，在某商店，一位40岁左右的妇女，手里拿着一瓶果酱，满脸怒容地朝服务员走过去，大声说："我儿子到你们这买的果酱，怎么分量差这么多？"服务员礼貌地从这位妇女手中接过果酱，看了一会儿，了解了是怎么回事，所以微笑着对那位妇女说："实在是对不住，不过您儿子可能又长胖了，不信您回去称称他的体重看看。"这位妇女一下缓过神来，知道是自己的儿子偷吃了果酱，所以快速和服务员聊了一下别的产品，服务员也微笑着向她解释，气氛变得很融洽。假如那位服务员直接说："是你家儿子偷吃了果酱。"那位妇女情面上必定下不了台，说不定会和服务员争执起来。

一般来说，除非有的人已经做出了许诺和决定，而不愿改变自己的立场外，大多数人仍是会很高兴地改变其观念转而赞同你的观念的，只需你的劝说有理并且得体。精明的劝说者通常知道怎样使门开着，以便对方能从他以前的立场上改变过来，而又不失体面。

有两种办法能够借鉴运用。

第一种办法是假定他人在一开始没有掌握事情的真相。这时，你能够这么说："当然，我完全能够了解你为什么这么想，由于你还不完全知道其间的细节。"假如对方错了，你最好帮他从过错中找托辞。

比方，你可以这么说："在那种状况下，不管是谁，都会这么想的。"或者你这么说："开始，我也是像你这么想的。不过后来，我偶然知道了这些信息，因而，我的想法才得以改变。"

第二种办法是你建议以某种方式，让对方的不同意见转移到他人头上。

一位老太太在某商场为其丈夫购买了一套西服，拿回家给丈夫穿后，丈夫有点不大喜爱这种色彩。所以，这位老太太匆促包好，干洗后拿到商店去退货。对服务员保证道："这件衣服绝没穿过。"服务员接过衣服看了看，发现了衣服有干洗的痕迹。机敏的服务员并没有当场指出来那位老太太说的是假话，假如那样的话，顾客会为了顾及自己的面子，死不承认的。这位服务员而是为顾客找了一个台阶。服务员微笑着说："夫人，我想是不是您家的哪一位搞错了，把衣服错送到洗衣店去了？我自己前不久也发生过这种事，我把买的新衣服和别的衣服放在一起，结果我丈夫把新衣服送去洗了。我想，您大概是否也碰到了这种事情，因为这衣服确实有洗过的痕迹。"

这位顾客知道自己错了，而售货员却把过错转嫁给这位顾客的丈夫身上，反正，这位可怜的丈夫又不在身边，背一背黑锅也无妨。这位太太笑着骂道："遭天打的，必定是他搞错了。"所以，她体面地拿起衣服，离开了商场。

衡之以利,引发共识

感人的话容易引起人的共识心理。在很多时候,感人的话并不需要锦上添花的溢美之词,而只需要雪中送炭的了解、鼓舞和尊重,让对方实实在在地感觉到你对他的真诚、友善与赏识。用感人的话来说出内心的感触,可能在某个时刻收获一个美好的结果。

迈克是美国全国安全公司的推销员。一天,他在向顾客做了精彩的产品性能讲明后,向对方提出了订货恳求。想不到顾客听完他的介绍后,不仅没有订货的意思,反而滔滔不绝地向迈克诉说了自己的一系列意外遭遇:

"几个月前,我驾车和我的老婆在公路上正常行驶,一位纨绔子弟把我们的车撞得粉碎,我在医院里躺了两个星期,我的老婆在医院里住了六个多星期,公司为此把她除了名。如今,我们俩的医疗账单加在一起在两万美元以上,尽管我知道保险公司最终会支付这笔钱,但那时却使我们紧张不安。

"事情到此还没有结束,我的儿子从海军服役回家,途中因车速过快,刹车不及,撞进一家加油站。我们的另一辆车也毁了,还撞坏了石油公司价值6000美元的招牌。如今我已知道保险公司将赔偿汽车的损失,但还不知道招牌的赔偿问题将会如何解决。假如要我们来赔偿那该死的招牌,真会使我们陷入困境中!"

面对顾客的一系列意外遭遇,假如换了一个推销员,可能会对顾客的意外表示怜惜，并说些安慰的话。但对推销员而言，怜惜能协助你卖出产品吗？迈克静静地听完了顾客的述说后，看着顾客的双眼，静静地说："先生，请告诉我，除了这些事以外，你还有什么别的因素，使你不准备在你家中装置这种火警器来保护你全家的生命安全呢？"

说完，迈克毫不犹豫地拿出样品，举放在墙上，然后说道："先生，我想您如今现已欠了差不多3万美元了，那么，再欠个300美元也无大碍。"说到这儿，迈克停顿了一下，放低声音说："先生，在任何状况下，水火都是无情的，就你现在的状况来说，再也禁不起任何折腾了！"

我们看到，当顾客滔滔不绝地诉说自己的种种意外时，迈克没有匆忙打断顾客说话，当顾客述说完自己的意外遭遇后，迈克并没有给予廉价的怜惜，而是向顾客提供了一个可使他防止发生新的意外的办法，然后诱导顾客成交。他告诉顾客，在遭到一连串的意外以后，他再也不能承受任何打击了——更何况是无情的火灾？这句话拨动了顾客的心弦，引发了共识心理。

当然，光有共识仍是不够的。美国著名科学家、哲学家富兰克林说过这么一句话："要想说服他人，不能仅晓之以理，更应晓之以利！"迈克恰是抓住了当时顾客害怕再次出事的矛盾心理，以"如今你现已欠了差不多3万美元了，那么，再欠个300美元也无大碍"为理由，让顾客进退难舍，再无话可说了，最后买下了迈克推销的产品。

人际交往中，晓之以理，动之以情，衡之以利，是最常采用的说服办法之一。

所谓晓之以理，即是讲道理。简单的事情、小道理，一两个典型案例，再加上简明、扼要的分析，道理就能够讲清楚。复杂的事情、大道理，触及多方面的因素，触动一点就牵动全局，必须全方位、多层次、多角度地进行一系列的说服工作，从多方面展开心理攻势，并以严密的逻辑推理，最后瓜熟蒂落地得出结论。这个结论不宜由自己单方面推断出来交给对方，最好以征询意见的语气引导对方同你一起来推理，一起探讨得出结论。让他把你的意见、主张，当做自己寻求的答案，自愿接受、自动就范。这样的说服会更高明。

说好"对不住"

有两户人家紧邻而居，东家的人和乐相融，生活幸福美满；西家的人常常争持，天天鸡犬不宁。这种情形引起了一位社会学专家的兴趣。

社会学专家问东家的人说："你们一家人为什么从不像西家人那样常常争执，而能够和睦相处呢？"

"由于我们一家人都认为自己是做错事的坏人，所以能够互相忍让相安无事；而他们一家人都认为自己是好人，因而争论不休大打出手。"东家的人如此回答。

社会学家又问："这是怎么回事呢？"

东家主人说："譬如有一个茶杯被打破了。在他们家自以为自己是好人的状况下打破杯子的人不肯认错，还理直气壮地大骂，'是谁把茶杯乱摆在这儿的？'摆杯子的人也不甘示弱地反驳：'是我摆的，你为何不小心把它打破了？'彼此间不肯认错、不肯退让，僵持不下当然会吵架了。可是我们家，假如谁不小心打破茶杯，就会惭愧地说：'对不住，是我疏忽打破了杯子。'而放茶杯的人听到也会回答："这不全怪你，是我不应该将茶杯放在那儿。'像这么坦白承认自己的过失、互相礼让，怎么会吵架呢？"

社会学专家点头默许。

东家的人真是智人智语，不是吗？与人交往时常抱以"对不住，我错了"的心态，把自己的姿态放低，学会谦卑，以坦白来修炼自己的心性，扩大自己的度量就能化解很多误会。

"对不住！"这三个字看来简单，可是它的效用，不是别的字所能比拟的。

这三个字，它能使顽强者低头，也能使肝火消减。可是有多少人知道它的效用而充分利用它呢？多少仇恨、多少嫌隙，不是由于某一方不会运用这三个字而起吗？

凡物不平则鸣，世间原无不能解决的事。你在公共汽车上误踩了他人的脚，你说声"对不住"，被踩者自然不计较什么了。人的心理原是这样，很多事情皆可原谅。若由于你的过失，使他人吃亏，而你还不承认自己的不是，好像他的吃亏是咎由自取似的，这就不能使他原谅你了。谦让和谦虚是获得友谊的仅有办法，事事要占上风，处处惹是生非，则其受人齿冷，就不奇怪了。在公共汽车上踩了他人一脚，自己不承认过错，却还埋怨旁人，以此处世，如何能使他人心服？

消除恶感，防止伤害对方的感情，最聪明的办法是自己谦逊一点。

自己有过失的时候马上道歉，他人会给你改过的机会。反之，不承认过错，就难怪对方生气，很多小口角变成打架，或因一两句话就酿成命案的，皆由此而起。倘若我们大家都常常不忘这三个字的巧妙作用，我们的生活定会增加很多愉快和祥和！

"对不住，害你等了很多时候。""对不住，你能够替我把茶杯递过来吗？"在平时的说话中，这三个字真是用途太多了。由于它能表示谦让和礼貌，能使他人对你更为宽容了解。

"对不住"三字，意思无非是让他人占上风，他已然占上风了，他还有什么更大的恳求呢？排难解纷，莫长于此。要使家庭不失和、朋友不交恶，这三字真是百效的灵药。古人教人要"夫妻相敬如宾"，对人要"恭敬谦和"，也无非叫你多说几声"对不住"罢了。

下次你要经过他人座位时，请先说声"对不住"，那么让路的人必定不会把眉梢皱起。假如你款待你的顾客时多说两声"对不住"，那交易也十有八九会成功的。

活跃的言谈具有非凡的力气

一位著名的言语学家指出："用对了词汇不仅能感动人心，更能带出行动，而行动的结果便展现出另一种人生。"

我们所说的话用对了词汇，就能叫人笑、治疗人的心病、带给人希望；但是，若是用错了词汇，就会使人哭、刺伤人的心、带给人绝望。

相同地，借着所用的恰当"词汇"，能够让他人了解咱们崇高的心志和由衷的愿望。

马克·吐温说："恰当地用字极具威力，每当我们用对了词汇，我们的精神和肉体都会有很大的改变，就在电光石火之间。"

历史上很多伟大人物即是由于长于运用词汇的力量，大大地鼓励了当时的人们，使他们决心跟随着这些伟大的人物，以创造出将来的世界。

当帕特里克·亨利站在十三州代表之前慷慨激昂地说道："我不知道别的人要怎么做，但就我而言，不自由毋宁死。"这句话激起了几代美国人的决心，誓要推翻长久以来骑在他们头上的苛政，结果形成燎原之火，美利坚合众国由此诞生。

美国一位伟人讲演道："当我们今天得以享受到充分的自由时，不要忘了独立宣言，尽管那没有几句话，却是二百多年来所给予我们每个人的保障。"相同，当我们这些年致力于种族平等时，不要忘了那也是由于某些词汇的组合而激发出来的行动所形成的，请问谁能忘记美国金恩博士感动人心的那一次讲演，他说道："我有一个梦，期望有一天这个国家能真的站立起来，信守它立国的准则和精神……"

当然，话语的影响力并不只限于美国。第二次世界大战期间，英国正处于风雨飘摇之际，有一个人的话激起了英国全民抵抗纳粹的决心，结果他们以无比的勇气挺过了最艰苦的时刻，打破了希特勒部队所向无敌的神话，那个人即是英国政治家丘吉尔。

很多人都知道，人类的历史即是由那些具有威力的话所写成的；

但是，却鲜有人知道，那些伟人所拥有的言语力量，却也能够在我们的身上找到，这能改变我们的心情，振作我们的毅力，使我们有胆量敢于面对一切的挑战，使人生过得愈加丰富。

在生活中时时选择运用活跃性的词汇，最能振作我们的心情；反之，若是选择运用了消极的词汇，就必然很快地使我们自暴自弃。因而，我们务必要重视运用词汇的重要性。这做起来并不难，只需你能用心地选择便行了。

应该认识到，我们所习惯运用的词汇会深深地影响我们的心情，也会影响我们的感触。因而，假如我们不能好好掌握怎样用字，假如我们随着以往的习惯持续不加选择地用词，很可能就会扭曲所经历的事实。比方说，当你要形容一件很了不起的成就时，用的词汇是"不错的"，那你的心情就很难形成兴奋的感觉，也很难给听众留下深刻的印象。这全是由于你用了具有局限性的词汇所造成的。

假如你改用"令人振作的"，作用就会好很多。

一个人若是只拥有有限的词汇，那么他就只能体验有限的心情；反之，若是他拥有丰富的词汇，那就有如手中握着一个能够调出多种色彩的调色盘，能够纵情来挥洒你的人生经验，不仅能够吸引他人，更能使自己感到活力并振作起来。

会说话让你卓然不凡

在这个竞争激烈的时代，人际沟通与谈风等归纳素质，现已成为影响个人职业发展的重要因素。长于人际交流、个性张扬、能说会道的人，通常更容易被重视，而性格内向、不善沟通的人，在工作时则会面临更多的压力和牵绊。

某省电视台招聘记者，一个女孩前去应聘。面试中，考官指出："你是中文系毕业，可是我看了你填的报考表，其间居然出现了三处语法错误，这是不能原谅的。如今既没有多余的表格，也不准涂改，你打算怎么办？"女孩听罢吃了一惊，心想填表时自己是字斟句酌的，怎么会有三处错误呢？但此刻不允许她多想，她马上回答说："为了弥补失误，我能够在表后附一张更正声明，上面写上：'某某地方出现了三处语法错误，实属填表人的粗心，特此更正，并向各位致歉。'"不过，说到这儿，她停顿了一下，说："在发出这份更正声明之前，我想知道是哪些过错，我不能再错误地发出一份更正声明，我不愿意再犯这种低级性的过错。"

她的机智应对令考官们笑了。其实她的报考表并没有错误，这不过是考官设的一个圈套，用以考察她的自信心和反应能力。从言语的表达能力来看，她的得分首要在于后半部的弥补声明。这一段内容的表达十分完美、滴水不漏，印证了她机敏全面、认真仔细、一丝不苟的品格，为她赢得了好评，在众多的应聘者中胜出。

卡耐基说："一个人的成功，约有15%取决于知识和技术，85%

取决于人际沟通和谈风等归纳素质。"这个成功学的公式现已为大多数人所认可,而这无足轻重的85%,恰恰是大多数人的绊脚石。

一个人的说话能力,表面看来是一种嘴皮子功夫,实际上与人的思维状况和心理、相貌密切相关。而说话能力、思维状况是稳定因素,心理、相貌则是改变因素。因而一个人的心理、相貌常常是一个人说话水平发挥程度的决定因素。面对不同的说话对象和说话关系,说话心理常会出现微妙改变,而位置、身份、关系是影响这种改变的重要因素。

比方一个单位的领导,他在部下面前说话就具有心理优势,说起话来,思路大开、气畅语酣、妙语连珠,一般能超过平常水平。此刻的员工就会觉得对方说话水平就是高人一筹。自己未等开口,早已先泄了气,应有的水平也削减了一半,只好洗耳恭听,勉强说几句也气弱语虚。说话时发生这种卑怯的现象,并不是小觑自己的缘故,而是极强的表现欲望形成的。有些人说话之初就想着一鸣惊人,压倒他人;当发现他人谈风卓绝、见地精到时,心理上顿时产生失落感、挫折感,心情遭到打击而一落千丈。事实上大可不必如此,要学会自然的说话风格,把自己的意思圆满地表达出来就行了。

很多人在公众场合讲话或与人沟通时,通常显得心慌、紧张、不知所措,不知如何组织言语,以至于根本无法清晰地表达自己的意思。很多人由于缺乏自信而害怕成为大众焦点,因而失去了很多展现自我的宝贵机会,甚至与成功擦肩而过。这是多么遗憾呀。

高效沟通
有技巧地说服他人

好口才是赚钱的法宝

在经济发达、信息宝贵的社会中，人们通常根据一个人的说话水平和风度去判别其学识、修养和能力。美国人早在20世纪40年代就把"谈风、金钱、原子弹"看成是在国际上生存和发展的三大法宝。60年代之后，人们又把"谈风、金钱、电脑"看成是最有力量的三大法宝，"谈风"一直独居三大法宝之首，足见其作用和价值。

美国总统克林顿退位后，沦落到买不起房子的地步。除了因为克林顿家境贫寒，不是名门之后，更由于克林顿任总统期间的风流官司，不仅把两口子的积蓄消耗殆尽，并且背了一屁股诉讼费。

但是总统的脑子灵活，好歹他也是留给美国连续4年的财政盈余，金额高达数千亿美元之多的"招财总统"。所以，他开始了靠一张嘴四处讲演来赚钱的生活。

2005年，克林顿来我国深圳走了一遭，在一个多小时的讲演中，克林顿轻轻松松赚得25万美元"出场费"，让人不由得感叹克林顿赚钱实在太容易。

此前他就已造访了6大洲的30个国家，一般一场讲演收费在10万美元美元到30万美元之间，看路程远近和准备时间长短而定。比方，克林顿曾应里昂证券之邀，为该行亚洲投资研讨会作讲演嘉宾，在香港讲了一场，此次收入15万美元。

按字数统计的话，克林顿一小时假定讲演6000字，收费20万美元，合每字收费33.33美元，合275元人民币！据美国的媒体估算，克林

第二章
会说话是一生的财富

顿近4年来，仅仅依托讲演，大概收入了近2000万美元。此外，他还兼职做几家咨询公司的顾问，每份年薪也在500万美元以上，甚至有传闻说美国全国广播公司（NBC）想邀请他当脱口秀主持人，其要价一年为5000万美元。

所以，在他绝世谈风的协助下，克林顿一家的"减亏"速度足可媲美他在任时美国经济的"减赤"速度。根据克林顿夫妇的财务报告，到2002年底，他们的债款在170万美元到650万美元之间；到2003年底，还欠50万美元到100万美元。

2004年的财务报告中，克林顿夫妇现已偿清了所有债款。

从某种程度上说，克林顿的谈风致富仍是适当得益于他的总统经历和名气。那么，下面这个故事的主人公则是完完全全靠自己的精彩表演挣得了自己的悉数财富。

乔·库尔曼，幼年丧父，18岁那年，他成为一名职业球手，后来手臂受伤，只得回到家中做了一名寿险推销员。29岁那年，他成为美国薪水最高的推销员之一。到现在为止，在25年的推销生涯中，他销售了4万份寿险，平均每年135份，这使他成为美国的金牌推销员。

库尔曼把自己的成功归结为："用一句具有魔力的话来改变糟糕的局面。"这句有魔力的话是："您是怎么开始您的事业的？"库尔曼在自己的传记中写道："这句话似乎有很大的魔力，看看那些忙得不可开交的人吧，只需你提出那个问题，他们总是能挤出时间来跟你聊。"

俗话说：君子不开口，神仙也难下手。所以，作为推销员，最怕对方三缄其口。假如遇到这种状况，你能够像库尔曼那样，说出那句有魔力的话。

在整个人类的活动当中，不管是大大小小的事情，有了谈风就会加速你成功，有了谈风就会增加你成功的几率，在关键时刻它会起到决定性的作用。

看准机会再说话

孔子在《论语·季氏》里说："言未及之而言谓之躁，言及之而不言谓之隐，不见色彩而言谓之瞽。"这句话有三层意思：一是不该说话的时候说了，叫做烦躁；二是应该说话的时候却不说，叫做隐瞒；三是不看对方的脸色改变，贸然信口开河，叫做闭着双眼瞎说。

这三种毛病都是没有掌握说话的时机，没有留意说话的策略和窍门。由于说话是双方的交流，不是一个人的单方面行为，它要受到比如说话对象、设定时间、周边环境等种种限制，所以说话要掌握时机。假如该说的时候不说，时机转瞬即逝，便失去了成功的机会。相同地，如不顾说话对象的心态，不留意周边的环境气氛，不到说话的火候却急于抢着说，很可能导致对方的误解，甚至反感。假如信口开河，乱说一通，后果就愈加严重。

战国时，楚王的宠臣安陵君能说善道，很受楚王器重。但他并不遇事张口就说，而是很讲究说话的时机。他有一位朋友名叫江乙，对

第二章
会说话是一生的财富

他说:"您没有一寸土地,又没有至亲骨肉。但是身居高位,享受优厚的俸禄,国人见了您,无不整衣跪拜,无不接受您的号令,为您效劳,这是为啥呢?"安陵君说:"这是大王太看重我了,不然哪能这样!"江乙便不无忧虑地指出:"用金钱相交的人,金钱一旦竭尽,交情也就断了;靠美色相交的人,色衰则情移。因而,狐媚的女子不等卧席磨破,就遭遗弃;得宠的臣子不等车子坐坏,已被驱逐。如今您掌握楚国大权,却没有办法和大王深交,我暗自替您着急,觉得您的境况太危险了。"

安陵君一听,恍然大悟,毕恭毕敬地拜问江乙:"已然这样,请先生指点迷津。"

江乙说:"希望您必定要找个机会对大王说:'愿随大王一起死,以身为大王殉葬。'假如您这么说了,必能长久地保住权位。"

安陵君说:"谨依先生之言。"

但是,过了很长时间,安陵君仍然没有对楚王提起这话。

江乙又去见安陵君,说:"我对您说的那些话,您为何至今不对楚王说?已然您不用我的计谋,我就再不管了。"

安陵君匆促问答:"我怎敢忘却先生的教诲,只是一时没有合适的机会。"

又过一段时刻,机会总算来了。此刻楚王到云梦打猎,一箭射死了一头狂怒奔来的野牛。百官和护卫欢声如雷,齐声称赞。楚王也高兴得仰天大笑,说:"痛快啊!今天的游猎,寡人何等快活!待寡人千秋万岁以后,你们谁能和我共有今天的快乐呢?"此刻,安陵君抓住机会,泪流满面地走上前来,说:"臣进宫就与大王同共一席,出宫与大王同乘一车。假如大王千秋万岁以后，我愿随大王奔赴黄泉，变做芦草为大王阻挡蝼蚁，那就是臣最大的荣幸。"

楚王闻言，大受感动，随即正式设坛封他为安陵君，对他愈加宠信了。

这件事说明，掌握说话时机非常重要，这个过程需要充分的耐性，也需要提前进行准备，等待条件成熟，但绝不是坐视不动。《淮南子·道应》云："事者应变而动，变生于时，故知时者无常行。"安陵君的过人之处，便在于他有充分的耐性，等待楚王欢欣而又伤感的那个时刻。此刻，动情表白，感人肺腑，愉悦君心，总算受封，保住了长久的荣华富贵。

插话要找准时机

在他人说话时，我们不能只听到一半或只听一句就装出自己了解的样子。我们提倡在听他人说话时，要不时做出反应，如附和几句"是的"等话语，这样既让说者知道你在听他说，又让他感觉你在尊重他，使他对你产生浓厚的兴趣。

但是，万事都有所忌，都要掌握尺度。很多人过分相信自己的理解和判断能力，往往不等他人把话说完就中途插嘴，这种烦躁的态度很容易造成损失。不仅容易弄错对方说话的意图，还有失礼貌。当然，在他人说话时一言不发也不好，对方说到关键的时刻，说完后，你若只看着对方,而不说话,对方会感到很为难,他会以为没有说清楚而继续说下去。

还有不少人在倾听他人说话时表现得唯唯诺诺的样子,哼哼哈哈,好像什么都听进去了。可等到他人说完,他却又问道:"很抱歉,你刚才说了什么?"这种态度,对于说话者来说是有失礼节的事。

所以说,即使你真的没听懂,或听漏了一两句,也千万别在对方说话途中突然提出问题,必须等到他把话说完,再提出:"很抱歉!刚才中间有一两句你说的是什么?"假如你是在对方说话中间打断,问:"等等,你刚才这句话能不能再重复一遍?"这样,会使对方有一种受到命令或指示的感觉,显然,对方对你的印象就没那么好了。

听人说话,务必有头有尾。但是能做到这一点的人并不多。有些人通常由于疑惑对方所讲的内容,便脱口而出:"这话不太好吧!"或因不满意对方的意见而提出自己的见地,甚至当对方有些停顿时,抢着说:"你要说的是不是这样……"这时,由于你的插话,很可能打断了他的思路,使他忘了要讲些什么。

刘栋在镇上盖了一套三层的楼房,当该房子的第三层刚封顶时,几个朋友在他家吃饭。席间,突然来了一位专门安装铝合金门窗的个体户,与刘栋一碰头就递了张名片。其实这个个体户的店肆门面也在本镇,虽和刘栋平时也见过面,但因没有业务往来,他们都不认识。后经与那个体户攀谈,他们彼此变得非常熟悉。轮到刘栋做决定是否将铝合金门窗的业务让这位个体户做时,刘栋说:"尽管咱们以前不认识,但通过咱们刚才的一席话,得知你对铝合金门窗安装的经验丰富,假如我房子的门窗让你来安装,我相信你能做得很好。但是在你今天来之前,咱们厂里一名下岗钳工已向我提起过,说他下岗了,门窗安装之事让他来做……"刘栋的话还未说完,那个个体户便插话了:"你是说那东跑西走的张宇吧?他最近是给几家安装了门窗,但他那'小米加步枪'式的做法怎能与我比?"哎!这话不说还好,一说便让刘栋顿时改变了主意,接着说:"不错,尽管他是手工作业,没有你那先进的设备,并且他现在已下岗在家,资金不够丰厚,只能慢慢完成。但出于搭档之间的交往,我不能不让他做!"就这样,那个体户只得怏怏离开了。

以后,刘栋对他人说:"那个体户没听懂我的意思,把我的话给打断了。原本,我是暗示他,做铝合金门窗的人很多,不止他一个上门来恳求安装。我已打听到了他做门窗多年,安装娴熟,且很漂亮,但他的报价很高,我只是想杀杀他的价格,可他的一番言论甚至攻击了我搭档张宇的人品,我宁愿找他人,也不要让他来安装我的门窗。"

一个精明而有教养的人与人攀谈时,即使对方长篇大论地说个不休,也绝不会插嘴。贸然打断他人的言谈,不仅是不礼貌的事,并且什么事也不易谈成。

同时,你还应留意一点,当他人说话时,不要静悄悄地站在他们身旁,好像在偷听一样。你要尽可能找个恰当机会,礼貌地说:"对不住,我能和你们一起吗?"或者大方地、谦让地打招呼,叫你的朋友介绍一下,就能很自然地打破这个状况。千万不要打断他们的话题,以免出现尴尬的气氛。

第二章
会说话是一生的财富

说话要有个眼力劲儿。有一位中层经理，他获得了一个外调到别的城市工作的更好的机会。但是，其老婆表示反对，由于她在现在居住的城市里有一笔业务要做下去。

所以这位中层经理面临老板的问话不好作答，他对此犹豫不决。当他的老板问他："你老婆赞同你去外地工作吗？"他只好回答："我正在努力这么做，请您再给我一点时间。"

但当他一看到老板脸上的表情时，就马上从老板的脸上读出，这既是一个与私人生活有关的问题，也是一件认真的公事商谈。所以他马上坦率地弥补道："请您给我一个晚上的时间，我保证明天给您一个准确的答复。"当天晚上，他和老婆正面谈论了这个问题。最后他们达成了一致的意见：他接受公司的这次外调安排，他的老婆留下来继续其生意，他们做一段时间的分家夫妻，每个周末相聚一次。因而，第二天一上班，这位中层经理就告诉老板："我接受公司给予的这次机会。"

这位中层经理说话很有眼力见儿，当他看到老板的表情时，知道老板对自己的话不是很满意，所以马上改口换了另一种说法，为自己赢得了更好的工作机会。

人人都有这样的经验：有时，同某人在一起，说话很愉快；有时同某人在一起，感到很烦，原本很感兴趣的话题却不想谈下去。究其原因，首要是由于对方说话不讨人喜爱，该问的问，不该问的也问，所以让我们觉得厌烦。说话要考究轻重、曲直，更要有个眼力见儿，知道哪些话该说哪些不该说，哪些该问哪些不该问。

问题是展开话题的钥匙。所以,说话有眼力见,就要做到问话要讨人喜爱。

有些问题,当你得不到满意的答复时,是能够持续问下去的,但有一些问题就不宜再问。比方说你问对方住在哪里,他假如只说地区而不说具体地址,你就不宜再问在几路几号。假如他愿意让你知道的话,他必定会自动详细阐明的,并且还会弥补上一句,邀请你去坐坐。不然就是不想让他人知道,你也不必再追问了。触类旁通,其他比如此类的问题,如年纪、收入等也一样不宜追问,以免导致对方不快。

不要问对方同行的营业状况。同行相忌,这是一般人的毛病。由于他回答你时,若不是对其同行过于谦逊的赞扬,就是恶意的诋毁。在一个人面前提及另外一个和他站在对立位置的人或物总是不明智的。

此外,在平时交际中,不可问及他人衣饰的价格;不可问女子的年纪(除非她是 6 岁或 60 岁左右);不可问他人的收入;不可详问他人的家世;不可问他人用钱的办法;不可问他人工作的秘密,如化学品的制造办法,等等。

凡他人不知道或不愿意让人知道的事情都应停止询问。问话的目的在于导致双方的兴趣,而不是使任何一方没趣。若能让答者起劲,同时也能增加你的见识,那是运用问话的最高手段。

一位社交专家说:"倘若我不能在任何一个碰头的人那里学到一点东西,那即是我处世的失败。"

这句话很发人深省,由于虚怀若谷的人,通常是受人欢迎的。记住,问话不仅能打开对方的话匣子,而且你能够从中增益学问。

第二章
会说话是一生的财富

该说话时就说话

沉默是金,并不是说要一味沉默不语;掌握时机,该说话的时候就不要沉默。比方爸爸妈妈为鸡毛蒜皮的小事吵得不可开交,这时你能够保持沉默。假如他们各自的怒火都平息下来了,陷入双方互不理睬的僵局时,保持沉默就不是明智之举了。这时你就应该说些劝解话,让他们重归于好。又比方,领导遇到为难状况了,就需要你站出来为领导打圆场。搭档有矛盾了,需要你开口化干戈为玉帛,等等。掌握说话时机,该说话时就说话,才能让你为人处世更挥洒自如。

该说话时就说话,不该说话时就千万别开口,以免遭灭顶之灾。这儿就有一个有趣的小故事能够阐明此理:

阴曹地府,正见阎罗王升堂问事。

有几个鬼抬上一个人,说:"这人在阳世,干尽了缺德事。"

阎王命令道:"用500亿万斤柴火烧煮。"

牛头鬼上来押解。那人私下里探头问牛头鬼:"你已然主管牢狱,为什么还穿着这么破烂的豹皮裤子呀?"牛头鬼说:"阴间没有豹皮,假如阳间有人焚化才能得到。"

那人立即说:"我舅家专门打猎,这种皮子多着呢。假如你肯怜悯我,减少些柴,我能够活着回去,定为你焚化10张豹皮。"

牛头鬼大喜,答应减去"亿万"两字。烧煮时也只是形式罢了。

待那人将归时,牛头鬼叮嘱道:"可千万不要忘了豹皮呀!"那人回头对牛头鬼说:"我有一诗要赠送给你:牛头狱首要知闻,权在阎王不在君，减扣官柴犹自可，更求枉法豹子皮。"牛头鬼大怒，把他叉入滚沸的水锅里，并加添更多的柴煮了起来。

奉劝他人的话是应该说，但假如没有到该说的时候说出来，无疑会让事情变糟。

所以，说话时千万要记住：掌握时机，该说话时再说话，该说时必定要说。

第三章 求人办事的口才技巧

　　求人办事成功与否的关键，就在于会不会说话。会说话的人，一句话就可成事；不会说话的人，一句话就会败事。而会说话的标准就是打动人心，能通过良好的谈吐，增进人与人之间的友谊，缩短彼此间的距离。

提出请求要措辞得体

在向他人提出请求时，我们要特别注意使用礼貌言语，维护对方的面子，照料对方的意愿，巧妙地提出自己的请求，讲究尺度，让对方在不经意间向你打开心扉。

在社会交往中，总会有求人办事的时候。不管在什么场合，不管求人办事的对象是谁，彬彬有礼的言语是展开人际关系的一个有效的手段。礼貌是拉近自己和他人的桥梁，懂礼貌的人更容易让他人接受。所以说，礼貌地开口提出你的请求，是自己办事成功与否的重要前提之一。

任何人都有取得他人尊重的愿望，谁要是让人遭到言辞上的"非礼"，那事情就会难办。所以在向他人提出请求时，我们要特别注意使用礼貌言语，维护对方的面子，照料对方的意愿，巧妙提出自己的请求，讲究尺度，让对方在不经意间向你敞开心扉。

南宋时期，抗金名将岳飞手下有一员大将叫牛皋。一天，牛皋准备到校场检查士兵操练情况，因为不熟悉路况，他只好问路边的一位老者。他大声冲老人喊道："喂，老头！爷问你，去校场往哪走？"这位老人看他出言粗鄙，即显不悦之色，当下缄口不言，没搭理牛皋。

过了一会儿，岳飞也要去校场，路过一个岔口，他也遇到了那位老人。岳飞先离镫下马，然后上前施礼："请问老丈，去校场应走哪条路，还望给予指示！"这位老人见岳飞很有礼貌，便耐心给他指路。

同样是问路，岳飞和牛皋问的又是同一个老人，岳飞成功了，而牛皋则只留下了粗鲁无礼的形象。从这个故事不难看出，礼貌的开口给事情的成功铺垫了也许。这正如俗话说：礼到人心暖，无礼讨人嫌。因此，能够说行为礼貌是受人尊重、办好事情的前提，只有懂礼貌，才易于被人接受，才容易办好事情。

由此可见，同样的请求内容，不同的人，用不同的方法和言语表达出来，得到的成果常常是不一样的。礼貌地向他人提出请求在人际交往活动中起着非常重要的作用。既是尊重他人的具体体现，也是友好关系的敲门砖。那么，我们在现实生活中如何礼貌地提出自己的请求呢？

1. 借机请求

我们的言语中有很多缓冲的词语，只要使用得当，便能避免唐突，充分维护对方的面子。你能够借助插入语、附加问句、程序副词、状语从句及有关句型来减轻话语的压力，就会大大缓和说话的语气。比如说："不知你可否能把这封信带给他？"就比直接说"把这封信带给他！"更礼貌。

2. 缩小请求

人们在提出某些请求时往往会把大事说小，这并不是变着法儿使唤人，而是适当减轻给对方带来的心理压力，同时也使自己便于启齿。你尽可能地把自己的请求说得很小，以便对方顺利接受，满足自己的愿望和请求。例如："你帮我处理到这一步已使我感激不尽了，其余的我自己想办法来处理。"

3. 间接请求

经过间接的表达方式，以商量的口气把有关请求提出来，这样会婉转一些，令人更容易接受。例如："你能否尽快替我把这事办一下？"当然比"从速给我把这事办一下！"要礼貌得多，更容易得到对方的帮助。

4. 谦恭请求

请求他人帮助，首先态度必须要好，要尽量表视尊敬。否则的话，求人的时候还端着架子，谁会愿意帮助你呢？你只有通过抬高对方、贬低自己的方法把有关请求表达出来，显得彬彬有礼、十分恭敬。尊敬的话语会使人家感到备受尊重，乐于从命。例如："您老就不要推辞了，弟子们都在恭候您呢！"

5. 激将请求

请他人帮助或者向他人提出请求时，假如在话语中表明人家也许不具备有关条件或意愿，最好不要强人所难，这样也显得自己很有风度。当然，假如对方有能力做到，却不太愿意帮助，这时候就故意流露一些不太相信能成功的想法，通过这种办法把你的请求、主张表达出来，这样给对方和自己都留下充分考虑的地步。例如："你也许不愿意去，不过我还是想麻烦你去一趟。"

6．体谅请求

求人的重要原则就是充分体谅对方，这不仅要在行动中体现出来，还要在言语中体现出来。这就需要你首先说明自己了解并体谅对方的心情，再把自己的请求或想法表达出来。例如："我知道你手头也不宽裕，不过实在没办法，只好向你借一些。"

7．自责请求

在人际交往中，求人办事必定要找到恰当的时机，不能在他人不方便的时候随便提出你的请求。要知道有的时候，有些场合打搅他人是不适合、不礼貌的，但这时又不得不麻烦人家，这就应当表明知道不妥，求得人家谅解，以免显得冒失。这时，你要先讲明自己知道不应提出某个请求，然后说明为实情所迫不得不讲出来，令人感到实属无奈，例如："真不应在这个时候打搅您，但实在没有办法，只好麻烦您一下。"

8．迟疑请求

在提出请求时，假如在话语中表明自己本不愿意说，这样就会显得自己有涵养。你能够先讲明自己本不情愿打扰对方，然后再把有关请求讲出来，以缓和讲话语气。例如："这件事我实在不想多提，但情势所迫，不得不求助于您了。"

9．述因请求

在提出请求时，假如把有关理由讲清楚，就会显得合乎情理，令人欣然接受。假如你在提出请求时把具体原因讲出来，使对方感到很有道理，应给予帮助。例如："隔行如隔山，我一点也不知道人家那边的规矩。你是内行，就帮帮我吧！"

10. 乞谅请求

请求他人原谅，这是通过礼貌言语进行交际的最有效方法，人们常常使用这种方式来进行交流，显得比较友好、和谐。你能够先请求对方谅解，然后再把自己的希望或请求等表达出来，以免过于唐突。例如："恕我冒昧，这次又来麻烦你了。"

礼貌地提出你的请求，是自身修养的体现、文明的体现。古语云：敬人者，人恒敬之；伪君子者，人恒恶之。对礼，不要小气，多用一些礼貌言语，多说一些礼貌话，在你办事的过程中必定会起到好的效果。

苦苦求人不一定好使

求人办事，一味地诉苦，央求他人帮忙，激发别人的同情心，是远远不够的。不如委婉地赞美对方的能力和权威，如果他还不为你办事，他就会觉得不好意思。

在社交活动中，每个人都会有有求于人的时候。那么怎样才能顺利求得对方替你办事，而不至于被对方拒绝呢？很多时候，央求往往没有婉求的效果好，劝导没有引导的方式更容易使人接受。

在我们办事的过程中，总会遇到一些不肯合作的人。如果使用强硬的手段，不但解决不了问题，还很有可能把关系闹僵。对于这种情况，最好的方法就是有次序地、耐心地引导对方思考，将对方引入你设定的情景，把对方夸赞到一定的高度，然后提出你的要求，这样就会成功达到目的。有这样一个故事：

一天，有位老太太要买李子。老太太来到一家水果店，问店主："你店里有李子卖吗？"店主马上迎上前说："老太太，买李子啊？我这里的李子有酸的也有甜的，您想买哪一种？""酸的。"店主一边称酸李子，一边搭讪道："一般人都喜欢甜的李子，可您为什么要买酸的呢？"老太太回答说："儿媳妇怀上小孙子啦，特别喜欢吃酸的。"

"恭喜您老人家了！您儿媳妇有这样的好婆婆真是福气。不过孕期的营养很关键，经常补充些猕猴桃等维生素丰富的水果，对宝宝会更好！"这样，老太太不仅买了李子，还买了一斤进口的猕猴桃，而且以后经常来这家店里买各种水果了。

从这则小故事中不难看出，这位店主不仅满足了老太太的一般需求，而且还引导老太太发现自己的新需求，使老太太产生了持久购买的兴趣，从而达到自己销售水果的目的。

由此可见，当你有求于人的时候，与其央求他，还不如用赞美的话语去委婉地引导他，从对方的利益考虑，适时地提出与之相关的请求，他会比较感兴趣，拒绝你的可能性是最小的，你的要求达成的成功率也是最高的。

求人办事不会事事如愿，有些事在自己未争取之前就已经确定了对方不肯允诺，这时候就应采取婉求和引导的办法。

婉求与引导都是以柔克刚的说话办事的艺术，婉求和引导别人办事的最大特点就是含而不露或露而不显。许多事直来直去很难达到目的，不如先引起别人的兴趣，绕个弯儿去办或许效果会好些。央求不如婉求，劝导不如引导。而婉求和引导的关键就在于学会运用一些婉转的方式，说一些婉转的话。要"引"得巧妙、"导"得自然，可以从以下几点做起：

1. 明确目的，有的放矢

所有的引导内容都应紧密地为目的服务。要做好这一点，就应该从了解对方的心理着手。在弄清对方的真实想法后，顺着对方的心思，围绕自己的目的，委婉地提出自己的请求。

2. 循序渐进，层层深入

引导不能急于求成，而应采用由小到大、层层深入的方法。先从容易完成的事入手，这样就可以一步一步地削减对方的防范心理，促使对方的态度一点一点地发生改变，就这样由小到大地逼近预定目标，最终就会很愉快地达成你最初的愿望。

3. 深思熟虑，随机应变

在和他人正式谈话前，要认真构思，事先把各方面的关节想清楚，对方可能会怎样应对应有所预料。谈话中又要针对实际情况，随机应变。最终使对方认同自己的观点，从而营造一个融洽的氛围，使对方最大可能地满足你的需求。

总之，要想达到求人办事的目的，就要学会运用一些婉转的方式、说一些婉转的话，它会使你事半功倍，同时也很好地体现出你的语言能力。用婉求、引导的技巧说服人，这往往是一种与人合作、求人办事的聪明策略。

靠你的决心和毅力打动别人

好事多磨、软磨硬泡是以消极的形式争取积极的效果，它可以表现自己不达目的不罢休的决心和毅力，给对方施加压力，也可以增加接触机会，更充分地表明自己的态度、思想和感情，以影响对方的态度，达到求人的目的。

俗话说："好事多磨。"求人办事的成败，关键并不在于对方，而在于自己有没有耐心等待。对初次见面或是很忙碌的人，要说服他时千万不要认为这是最后的机会，见硬就退是求人办事的大忌。最好的做法是在短时间内结束以等待下次的见面，留点时间让对方去回味你的为人。

求人办事时，要想说服一个毫无关系的人，要有韧性，采取不间断的"攻击法"，让他心里有这样的想法：如果我不理会他，他也着实可怜。有了这种心理负担后，他便不会轻易地拒绝你。

刘备听徐庶和司马徽说诸葛亮很有学识，就和关羽、张飞到隆中卧龙岗去请诸葛亮出山辅佐他。

第一次去的时候恰巧诸葛亮外出了，刘备只得失望地回去。不久，刘备又和关羽、张飞冒着大风雪第二次去请，不料诸葛亮又外出了。张飞本不愿意再来，见诸葛亮不在家，就催着要回去。刘备只好留下一封信，表达自己对诸葛亮的敬佩和请他出来帮助自己挽救国家危险局面的意思。

过了一段时间，刘备吃了三天素之后，准备再去请诸葛亮。关羽说诸葛亮也许是徒有虚名，未必有真才实学，不用去了。张飞却主张由他一个人去叫，如他不来，就用绳子把他捆来。刘备把张飞责备了一顿，又和他俩第三次请诸葛亮。当他们到诸葛亮家前，已经是中午，诸葛亮正在睡觉。刘备不敢惊动他，一直站到诸葛亮醒来，才彼此坐下谈话。最终，诸葛亮见到刘备有志替国家做事，而且很有耐心和诚意地请他帮助，就出来全力帮助刘备建立蜀汉小朝。

面对这种情况，也许有些人会打退堂鼓，本能地维护自己的面子。刘备却不是这样，他一而再、再而三地积极争取下一次见面的机会，最终以热忱感动了对方，同意出山帮他成就大业。

由此可见，软磨硬泡是办难事的一种特殊手段。要达到说服对方帮自己办事的目的，就必须反复说，拿出一定的耐心，以示诚意。换种说法，就是以情义来缠住他。因此即使被拒绝多次也不要气馁，一个人被他人一再地依赖和求助，自然会形成心理负担，他就会因同情而软化。

但仅仅靠行动去"泡"也很难奏效，甚至会让对方很烦，更不利于办事。这时嘴巴上的功夫就显得十分重要了。要善解人意，抓住问题的症结，巧用语言攻心。有这样一则笑话：

爸爸把儿子哄上床后，回到自己的卧室准备睡觉。

"爸爸！"儿子叫道。

"什么事儿？"

"我口渴，给我拿杯水好吗？"

"你刚才不是喝过了嘛！快睡觉，我已经关灯啦！"

5分钟后……

"爸爸！我口渴，你就不能给我拿杯水吗？"

"我刚才不是说过了嘛！你再叫我揍你！"

又过了5分钟……

"爸爸！"

"又怎么啦？"

"你过来揍我的时候一定要带杯水！"

虽然这只是个笑话，但说明一个道理"会哭的孩子有糖吃"。这个聪明的孩子，他很懂软磨硬泡的道理，第一次被爸爸拒绝后，他连续几次发动进攻，软磨硬泡地硬要对方答应他的请求，不达目的誓不罢休。面对这样一个孩子，你还会忍心拒绝他么？

相应地，在人际交往中，不妨学一下孩子的智慧。每次和对方见面可以不露锋芒，不提要办的事，声称自己只是到对方那里"坐一坐""看一看""见见面"，不间断地接近对方，使双方关系渐近，让对方更多地了解你、同情你。这样次数多了，对方也就有了心理负担，就会考虑满足你的要求。

软磨硬泡，不是消极地耗费时间，也不是硬和人家耍无赖，而是采取积极的行动去影响对方、感化对方，促使事态向好的方向转化。看似简单，但并不是人人都能做得好的，实际操作中应该注意以下两点：

1.要有耐心和具备掌控自己情绪的能力。在办事的过程中，面对别人的拒绝和推脱，要控制自己失意、冲动的情绪，采取忍耐的态度，表达出对对方处境的理解，再调动自己的聪明才智，设法突破僵局，依据不同的办事对象及办事环境，做到处险而不惊、遇变而不怒。

2.要懂得见机行事、再三强调。软磨硬泡也要讲究方法，善于用语言和行动表达自己的诚意，一而再、再而三，反复申请、反复渲染、反复强调，那么就一定会"精诚所至，金石为开"的。面对顽固的对手，这是一种有力的武器。

使用软磨硬泡的方法一定要在对方的耐心所能承受的最大限度下加以运用，立足于耐心和韧性，着眼于感化对方，使对方不致产生厌恶之心。否则，一味地纠缠，会导致对方翻脸不认人，甚至会惹来祸端，结果往往事与愿违。

做事之前先要学会说话

办成事的关键就在于"会说话""说好话"。会说话的人，一句话就可成事；不会说话的人，一句话也会败事。

语言是人际交往的关键，说话是语言艺术的一种表现形式。会说话的人，一句话就可成事；不会说话的人，一句话就会败事。会说话的人，能通过良好的谈吐，增进与人之间的友谊，缩短彼此间的距离。在办事的时候，他们懂得用语言感动人、说服人，让对方接受自己。

说话虽然是日常生活中较为普遍的交流方式，却也有着一定的艺术讲究。有些人能够"口吐莲花"，而有些人则口不择言，无意间就把人得罪了。敢于说话又善于说话的人，总是使人清楚地明白自己的意图；不敢说话又不善于说话的人，经常使人产生误解，即便是一件很简单的事，也可能会因此而办砸。所以，要想把事办成、办好，就必须先学会说话。

有个作家想请一位文化名人为自己的一本即将出版的书题写书名。得知来访者的意思后，这位一贯以幽默著称的名人笑着说："是题字啊，可以，不过，现在讲究经济效益，请我题字，是不是该付点钱啊？便宜一点儿吧，2000块一个字，怎么样？"这虽然是在开玩笑，但作家也听出了这位名人似乎对常有人打他手迹的主意颇有抱怨之意。

作家接着说："先生，您这话可是只说对了一半。要得到您的墨宝，理当付钱。可是，您的一个字何止值2000元呢？比如，一件价值2000元的衣服，如果这家商店买不到，我还可以到别的商店去买，可您的墨宝只能出自您自己的手笔，天下独一无二呀！在我看来，您的每个字都是无价之宝，我付多少报酬也不够啊！"

作家的一番话让这位早已习惯了恭维之词的文化名人十分受用，于是他直接提笔赠字。

会说话是一个人智慧的反映，他不会勉强别人与自己有相同的观点，而是生动、准确地表达自己的思想，巧妙地引导他人到自己的思路上来，事情往往办得圆满。由此可见，办事的成功，往往靠的都是"会说话"这三个字。

在日常生活中，会说话的人能把普通的话讲得让人如沐春风；不会说话者即使讲的内容很好，听起来也索然无味。说话的目的，不在炫耀自己的长处，而在引起对方的关注，配合对方的兴趣，接受自己的观点。

生活中，常常有人出口不够谨慎，没有顾虑到听者的立场，这样很容易在无意中伤害别人，从而产生一些不必要的误会。如果什么话都不加思考脱口而出，难免造成说话不当，影响正常的人际交往，甚至本意是想亲近对方，结果反而得罪并伤害了别人。

说话难，难在恰到好处。也就是说，会说话是打开成功大门的一把钥匙，可能会带来意想不到的效果，有了会说话的能力，办事的成功率就能大大提高。那么，怎样才能说好话呢？这里提供几条建议：

1. 要学会倾听，给别人说话的机会

你在求人办事的时候，一定要先做一个好的倾听者。成功学大师卡耐基曾经说过："你要衡量一下自己，少说话或不说话，然后思考，使自己说出来的每一句话都有分量，被别人重视，精彩的话语往往能在听者的心中留下深刻的印象。"

可以说，会倾听也是会说话的一种表现形式。倾听的目的之一就是搜集信息，在听的过程中明白对方的喜好，才可以做到大意无忤，小节可有出入；言辞无犯，投其所好，说话自然成功。

2.提前做好必要的准备

说话时的心态很重要,保持一种放松的心态,能拓宽自己组织语言的思维。但放松心态并不代表可以不拘小节,要保持平等、真诚和尊重的心态和别人交流。

会说话的人无一不是在未见其人之前就已经花工夫了解对方的大概情况,从而使初次见面的谈话就能够顺利进行。了解对方引以为豪的闪光点和避讳处,从他的闪光点作为谈话的开始,提高他的谈话兴趣,避开他的弱点,多方譬解,使之心安。

3.多赞美对方

在办事时,你不妨多赞美对方、多用敬语,以拉近与对方的距离,博得对方的好感,为办事打下好基础。毕竟,每个人都愿意听好听的话、得到他人的认可。

4.找到对方的谈话兴趣点

每个人都有不同的爱好,求人办事时,你一定要事先弄清楚对方的兴趣爱好,找到可以交谈的话题。谈话时尽量不围绕自己要办的事说来说去,而是要先与对方建立友好关系。

5.态度诚恳,用语谦恭

求人办事,说话态度要真诚、语气要谦恭。使用谦恭文雅的语言与人交流,更容易受到他人的欢迎,才可能与对方进一步沟通。如果你说话粗俗,就会导致对方反感,事情就别想办成。一句话,只有你带着诚恳的态度、友好的语言,才能被别人接纳。

用真感情打动对方

情真方能动人，这样才能收到良好的效果，对方才会心甘情愿地接受你的请求帮你办事。

求陌生人办事，甜言蜜语、阿谀奉承都只能在某一刻取悦对方的心。俗话说，日久见人心，违心的话语最终会失去更多人的信任。因此，说话的时候要付出自己的"真心"。说话真诚能让对方真切地体会到你的心情，使对方感到舒适，和你产生亲近感。尤其是面对一个陌生人，和你本无任何交集，要向对方提出自己的请求，就要用真感情打动对方，才能取得好的效果。所以，求陌生人办事，要以情动人。

俗话说：动人心者莫过于情。情动之后心动，心动之后理顺。真情实感要发自内心，只有认真诚恳，才能使人相信，才能达到动人的目的。只有使人相信，才能达到预期的效果。桓谭《新论》中记载着战国时这样一个小故事：

有一个叫雍门周的琴师去见齐国的孟尝君。孟尝君问他："你弹琴能使我悲伤吗？"雍门周说："我弹琴是想使你愉快，怎能使你悲伤呢？但我替您想想，确也有可以悲伤的事。譬如百年之后，你的坟上长满了荆棘，放牛的、担柴的在上面蹦蹦跳跳地唱起歌来，他们将唱道：'唉，像孟尝君那样尊贵的人竟也会这样啊！'"孟尝君听了雍门周的这番话，不禁泛起悲凉之感，眼泪已涌到了睫毛边，不过还没有掉下来。这时，雍门周拨动琴弦，轻轻一弹，孟尝君的眼泪就不由得掉下来。

所谓"未成曲调先有情",让孟尝君潸然泪下的,显然不是乐曲,而是雍门周的一番"开场白"。这"开场白"勾勒了一个悲凉的景象,引导孟尝君去联想"百年之后"的事情,而且用"我替你想想"表达了雍门周对孟尝君的同情之心,这就很容易地达到了"以情动人"的强烈效果。雍门周之所以能打动孟尝君,就在于他选择了一个比较好的交际切入点。他的"开场白"以"催人泪下"为目的,当时并没有竞争的对手,还是比较容易做到的。如果是竞选时的演讲,谁更能牵动听众情感,谁就能获胜。在这种情况下,这种"牵动听众情感"的本领就显得尤为重要了。

人都是感情动物,这也证明了情感因素可以决定一些事情的成败。要想与别人建立良好的关系、得到他人的帮助,就要先与对方建立感情基础。一旦对方从情感上接受了你,你求人办事的目的自然也就会达到。

设身处地为他人着想

求人办事过程中,想要说服对方达成自己的意愿,首先要考虑到对方的观点或行为存在的客观理由。换句话说就是要设身处地地为对方着想、为对方说话,从而使对方有你是"自己人"的亲近感,从而取得对方的信任。

在人际交往中,一定要记得为他人说话,这会让对方觉得自己很重要，他在你的心里占有重要的地位。每个人都喜欢被人认可和尊重，受到支持当然会感到高兴，假如你能够给他人这种感受，那么自然而然地你就会得到他对你的青睐，面对你提出的要求，也自然不会拒绝。

在现实生活中，当你很自然地站在对方的立场，为对方说话，也是给自己创造成功的机会。这是一个人在人际交往中获得他人信任的最佳途径。

小杰和大刚是一对好朋友，都有读报的习惯。一次，他们两个人一同去杭州出差。当他们在宾馆用完早餐之后，大刚说："我出去买份报纸，一会儿就回来。"5分钟后，大刚空着手垂头丧气地回来了。

"怎么了？"小杰问。大刚回答说："我到马路对面的那个报亭，要了一份报纸，付他一百元，让他给我找钱。谁知他从我手中抽走了报纸，还没好气地把钱还我，并教训我，说我故意捣乱，这时候他的生意正忙，绝不会在这个时间段给人换零钱。这里的小贩真是傲慢无礼，素质太差，遇上这样的人真是郁闷。"小杰笑着拍了拍大刚的肩膀说："有啥郁闷的，这也是人之常情嘛。我去给你把报纸买回来。"说完便向马路对面的那个报亭走去。

小杰面带微笑十分温和地向报亭主人说："老板，不好意思，我是外地人，很想买这份报纸看看。可是我手头没有零钱，在您正忙的时候，还让您找零，真是给您添麻烦了，您看能否帮这个忙？"卖报人一边忙着一边把一份报纸递给小杰，说："嗨，拿去吧，你方便的时候再把钱给我！"

从上面的故事不难看出，大刚和小杰面对同样的处境，而小杰却能理解别人，那么他自己也就容易被别人理解；如果用理解来表达需要，那么自己的需要就容易得到满足。所以，他成功地拿到了报纸。

因为每个人所处的社会位置不一样，充当的角色也不一样，对事情的看法自然也不一样。

我们在求人办事的时候，如果能站在对方的立场，设身处地地为对方着想，对对方多一些理解、多一点爱。你把这种理解传递给他，同时也可以引导他进行自我审视，事实上这会换回对方以相同的态度和方式对待你。你们的关系也会因此发生良性调整和改变，你办事的成功率也会大大提高。

其实，只要了解到如何为对方说话的一些"特质"，并努力向这方面靠拢，求人办事就不会显得那么难了：

1. 明确为对方说话的目的

为对方说话，目的是为对方着想，而不是做表面文章，虚于应付。要想求人成事，为他人说话就要有诚恳的态度，让对方从你的立场感受到你的诚意。增进双方的了解，拉近双方的关系，对于你所要求的事情，对方自然也就当自己的事情去办了。

2. 设身处地为对方着想

一般来说，为对方说话并不是将自己的意志强加给对方，而是给予对方认同感，让对方从心理上接纳自己成为"自己人"。获得对方的亲近感和认同后，自己要办的事情自然就事半功倍了。

3. 取得对方信任

在求人办事时，取得对方的信任是最重要的。站在对方立场为对方说话，可以清楚了解对方的喜好和问题所在，并针对这些问题采用适当的语言技巧，把话说到对方心里，取得对方的信任。对方只有在信任你的时候，才会正确地、友好地理解你的观点和理由，你的意愿才容易达成。

总之，求人办事是人们生活中必不可少的，会说话的人，就好办事。懂得为对方说话的人，就更容易办成事。想要成事，就要学会为对方说话。

有些话要学会拐个弯说

直言不讳、开门见山虽然简单明了，但容易伤害对方的自尊心，况且如果一味地直言不讳，别人会认为是与其过不去。委婉含蓄的表达比口无遮拦、直截了当地说更能体现人的语言修养。

人际交往中，和人交谈看似简单，实际却是一种复杂的心理交往。做人正直很有必要，但说话一味直言就不太可取了。不适当的直言是一种消极和否定的语言暗示，会使人抵触反感，增加人的心理压力。

生活中，我们时常会听到有人这样评价一个人："他说话能噎死人！"这就说明，说话太直接很容易使人难以接受，结果自然是事倍功半。甚至，有时你是出于善意，但是由于说得太突然、太直接，别人不但不能接受，反而会对你产生恨意，进而难以达到目的，误人误己。

有一位年轻的律师刚毕业参加工作，就接手了一个重要案子，为其中一方辩护。在辩论中，最高法院的法官说了一句："海事法追诉期限是六年，所以根据……"法官的话还没有说完，年轻的律师就打断了他，因为对法律条文烂熟于心的他明白法官说错了，于是他率直地说："不，法官大人，您搞错了，海事法根本就没有追诉期限。"

法庭内静得连掉下一根针的声音都能听得到，法官没有想到会冒出这么一个声音。是的，他犯了一个常识性的错误，当场觉得自己无地自容。他严肃的脸变得铁青，愣在那里足足五秒钟，没有说话。原本以为会因为自己的勇气和学识而得到法官赏识的年轻人在此刻发现，这种安静也让自己浑身不自在。

从那以后，那位一直以和蔼可亲、学识丰富而著称的法官在看到那位年轻律师的时候，都是一副冷漠而严肃的表情。

说话坦诚固然很好，但也需要视情况而定。面对别人的错误，显然不能当众直接指出，触及别人的自尊心就有可能产生不愉快。上面故事里的年轻律师显然没明白这个道理，因此伤害了法官的自尊，给自己的人际关系增添了麻烦。

因此，对一些可能引起对方不愉快的事情，如果不方便直接说出来，我们可以巧妙地寻找借口来为他人解围或是保全他人的面子。孩子说了真话，人说童言无忌、天真可爱。作为成人在一些场合说话还是要讲究一点技巧的，比如在生活中，当我们很想表达一种内心的愿望，又难以启齿时，不妨用含蓄的表达方法。或许比起直言不讳更能达到目的，从而收获令人满意的效果。

委婉含蓄的语言较于直言更容易被人所接受，既表现出对别人的尊重，又达到了有效沟通的目的。因此，无论什么时候，说话都要注意方式。

身为社会中人，要避免太过直接的说话方式，适当讲究委婉含蓄的说话艺术，使对方自己领悟到那层意思，可以给双方更多的考虑空间，同时增添你的个人魅力。当然，要做到这一点，应注意以下几个问题：

1. 绕个弯子引出主题

一些时候，有些话倘若自己说出口会显得非常尴尬，不妨先以委婉的方式欲擒故纵，取得合适的发话角度，从而达到比直言陈述更为有效的效果。

2. 明确主题

即使是再含蓄的表达也要围绕主题出发，让别人清楚地了解你所想要表达的重点究竟是什么。若一味追求说话巧妙，会让人很难听明白，甚至会造成误解，从而影响表达效果。

3. 不使用主观武断的词语

在常见的表达方式中，要避免使用较为主观武断的词语，如："只有""一定""唯一""必须"等等不带余地的词语，尽量采用和人商量的口气交谈。先给予肯定然后否定，学会使用"是的……但是……"这个句式。这样就显得委婉一些，让对方从心理上更容易接受一些。

总之，求人办事时，正话要反说，硬话要软说，让自己的舌头打个弯。话语出口前，考虑一下别人的感受，才是成事的最佳方法。

让对方感同身受

当你向对方提出请求时,为了使谈话愉快地进行下去,最好能用一些让对方有相同感受的话,以取得对方的好感。这就需要善于抓住人心,善于和对方建立沟通,达到和对方"情感共鸣",这样才能奏效。

求人办事时,应该根据对方的身份、年龄、性格等,揣其所思,说些能让对方有相同感受的话,引起对方心灵上的共鸣,对方自然对你的话深信不疑。你所说的话越是能让对方有感触,你要办的事情就越容易达成。

讲究情义是人性的一大弱点,中国人尤其如此。由于人与人之间,很难一开始就产生共鸣,所以必须先诱发对方与你交谈的兴趣,再经过一番深刻的对谈,让彼此更加了解。当你对他人有所请求时不妨先博得对方的认同感。

有一位老师,担任差班的班主任。开学第一天,他亲切地对同学们说:"有人说我们是放牛班、垃圾班,这是没有道理的!拿体育成绩来说,我们班不但不是垃圾班,而且还可以成为优等班!"短短几句话,使学生们迅速从低落的情绪中振奋起来,从自卑感中树立了信心。这位老师的话为什么会产生如此大的效果?因为他在与学生见面的第一天,就把自己置于这个被人瞧不起的集体之中。更重要的是,他话中的信任和鼓励,唤醒了学生们仍一直积极向上的心。他左一句"我们",右一句"我们",让这些内心充满自卑感的学生,感受到温暖和亲情。用肯定学生的荣誉,让学生们的荣誉感瞬间放大。

总之，由于心理上的接触和情感上的共鸣，老师的话对学生产生了非常大的鼓舞作用。

俗话说：物以类聚，人以群分。人们总喜欢同和自己经历相似、性格相近的人相处。所以，如果我们能够根据对方的身份或性格来决定自己的说话策略，那么我们就能更进一步接近自己的愿望。

小高想让儿子进旁边社区的幼儿园，但是这个幼儿园对户口等条件的限制极为严格，而能解决这个问题的关键人物就是该幼儿园的园长。

小高打听到园长家的住址，并没有拎着大包小包的礼物。小高进了园长家后，对园长说了以下的话："我小时候呢，就因为各种原因被耽搁了，孩子是爸妈的心头肉，现在几代人的希望都寄托在了孩子身上。为人父母的实在不想让孩子再重新走我们这一代的老路，想给他创造一个好的学习环境。"接下来的一番谈话中，小高反复强调做为父母的艰辛和无奈，同时也表达了对过世父母的思念……

最后，园长答应了小高的请求。

从这个故事中我们不难发现，小高的口才并不是多么高超，他并没有华丽的辞藻或夸夸其谈、滔滔不绝，而更多的是触动了园长心中那根为人父母不易的心弦。

因此，求人办事时应该懂得先找与对方的共同点，这样才能找到打动对方内心的话题，进而使自己的言语发挥打动人心的作用。

相反，如果打一个招呼就开始讲自己的来意，迫不及待地反复强调自己的想法是如何如何，以及帮助自己有什么好处或者只是再三地恳请对方帮你，这样往往事与愿违。因此求人办事时要多讲让对方有相同感受的话，打动对方。如何做到这一点，以下是应当学习和掌握的：

1. 与对方谈话时多强调"我们"

在谈话中，应少用"我"、"你"、"你们"等有明显距离的词，应多强调"我们"，从称呼上拉近彼此的距离，把对方的立场拉入自己的一边，从心理上诱导对方觉得和你是自己人，以期达到与对方情感共鸣、利益与共的效果。

2. 运用容易被对方所接受的内容作铺垫

许多有经验的求人成事者，会想方设法让对方喜欢、接受，使自己的意愿获得成功。所以，求人者应尽可能寻找彼此间共同关心的问题。比如上例中提及的孩子等家庭之事，大家都有着类似的心情，能够引起对方情感上的共鸣。

3. 尊重他人，真诚交谈

在求人的过程中，要确保主角永远是对的这个宗旨。在交谈中要顾及对方的感受，让对方感受到你发自心底的尊重。同时把自己放在配角的位置，在发表自己的言谈时，要用真诚的态度，流露真实的情感才能使对方感同身受。这样才能顺利达到自己的目的。

难言的事巧妙去说

求人办事时，如果不便直接开口，可以根据当时的场景随机挖掘一些可资借鉴的话题，不失时机地委婉含蓄地表达出来，机智巧妙地令对方不得不答应。

求人办事有许多种方式，大部分都会由口头提出。因此，在求人办事的过程中，难免会遇到许多意想不到的情形，尤其是那些好面子的人，因为怕被别人拒绝，所以会感到尴尬和难堪。如何开口成为求人办事的一大难题。

面对这样的情况时，很多人在开口前往往会手足无措、陷于困境，甚而可能选择放弃办事的想法，这样就只能委屈自己。而聪明的人则会从独特的视角巧妙地寻找借口，以打开谈话的局面，再用温婉谦和的方式表达出来。这样既化解了无言的尴尬，又能在笑声中增加别人对自己的好感，并最终达到解决问题的目的。

从前，一个小伙子到未婚妻家吃饭，接受未来岳父母的考验。未婚妻特别叮嘱他说："我们那有个地方风俗，客人不能自己去添饭，否则的话是不礼貌的行为，你可千万得记住啊！"

小伙子答道："饭来伸手，我又何乐而不为呢？"

谁知到吃饭的时候，未婚妻和未来的丈母娘随便吃了一点就忙别的事情去了。而未来的岳父大人三杯酒下肚，话匣子便打开了，谈得眉飞色舞，哪里还注意到这位准女婿的饭碗早已空空如也。

小伙子见满桌的美馔佳肴，举箸沉思，灵机一动，便计上心来。

他开口道:"伯父,你们打不打算修房子呀?"

"修倒想修,就是眼下木料紧张。"

小伙子见上了道,便接着说:"我有个朋友有批木料,还是柏木,最小的都有这么粗。"说着,他把碗一举。未来的岳父大人这才发现这位准女婿的碗里早就空了,赶紧叫道:"老婆子快添饭!"

这个小伙子非常聪明,他巧妙地找到一个让老丈人感兴趣的话题,并借机展示自己的空碗,从而达到了添饭的目的。

一般来说,准女婿初次登门到丈母娘家遇到这种情况,往往为给未来岳父母留个好印象而选择强忍饥饿,装作吃饱的样子放碗离席。虽礼数周全,却着实委屈了自己的肚子。而故事里的小伙子,却一举两得,不但顺利达到自己的目的,而且还让未来岳父看到了自己的聪明才智。

求人办事时,什么情形都有可能发生。开了口被对方拒绝则是最尴尬的。有的人面对这种情况可能就会打退堂鼓,尤其是当对方明确给出拒绝的理由,要打动他,是非常困难的事。如果对方的理由自己事先就知道,而且是无可否认的,那就更不敢开口了。面对这种心理防线特别坚固的人,如果继续央求只会让自己更难堪。这时候,不妨将对方的理由变成吹捧他的借口,这样成功的可能性也许会增加不少。下面这个故事很能说明这一问题:

有位记者,他很善于邀约忙碌的名人做专访。有一次,他去拜访一个集团的董事长,想找他做一个专访。在他表明了来意之后,董事长很不客气地说:"我现在很忙,恐怕帮不上忙。"

面对董事长的拒绝,记者并没有退缩,而是微笑说:"我当然知道你很忙，可是正因为你是个忙人，我才会请您做专访。你的创业过程对于正在创业的年轻人来说能给予他们一些很有价值的启示和指引。对于无事可做的人，我可不敢期待他们会给年轻人带来什么好的影响。"董事长听了，便答应了专访。

不难看出，他这一套说辞很管用，巧妙地化解了对方的拒绝。在求人办事的过程中，使用这种方法，成功的可能性必然大大增加。

求人办事巧开口，是智慧的表现。它不但能使双方的距离更贴近，而且要办的事也不那么困难了。那么，如何做到巧妙开口让被求者乐意答应自己的请求呢：

1. 不贬低自己以博对方同情

有些人在求人时喜欢贬低自己以获得对方的同情心，虽然是为了在对方面前表现自己的谦虚以衬托对方的能力，但如果一味地用这种不利的语气谈论自己，会让对方认为你是个"没用"的人。不但对你的请求毫无益处，而且会影响你在对方心中的形象，甚至会弄巧成拙。

2. 用询问的语气婉转表达自己的请求

在求人办事时，用询问的方式委婉地表达自己的请求，更容易被对方接受。比如去拜访一个人，用"我想今天上午去拜访您！"和"今天上午您有空吗，我什么时间去拜访您方便呢？"两句话的意思相同，只是口气不同，后者明显温和、委婉，前者则带有命令的意味。相比而言，后者更容易为他人所接受。

3. 巧妙化解拒绝的理由

在面对被拒绝的尴尬局面时，应保持镇静，冷静观察场面，随机应变，机智巧妙地化解对方拒绝的理由。就如上面故事里那样，对方以忙碌为理由拒绝自己的请求，不妨对他说："我就是因为你忙碌才要拜托你啊！"

总之，求人办事需要技巧，面对不同人我们要有不同的开口策略，充分掌握对方的资料，求人办事便可以达到事半功倍的效果。

投其所好才能说动人心

求人办事的一个重要捷径，就是要对症下药，引起对方共鸣。如果你能提前了解到对方的喜好，在开口说话时，抓住对方的特点，投其所好，就能打动对方，得到帮助。

有病不能乱投医。求人办事之前，一定要对请求对象的情况作详细的了解，仔细研究交谈的对象，找到对方的兴趣所在。谈论他最感兴趣的话题，激起对方的共鸣心理，从而轻易地达到自己办事的目的。

在求人办事过程中，只要懂得谈论对方最感兴趣的事情，那么成功也就八九不离十了。因此，在求人办事的过程中一定要根据每个人的身份地位、性格爱好和心理采取不同的谈话内容，并把握分寸，才能达到办事的目的。

某家针织面料公司，专为针织服装制造厂家提供针织面料。一日，一位客户登门。几句寒暄之后，公司负责人发现这位客户实力雄厚，需求量很大，很想达成这次合作。于是，在交谈中对这位客户作了细致的观察，发现这位客户比较自负、性格急躁。于是针织面料公司通过客户观看样品的机会，适当而得体地夸奖他的经验与眼力，在最后的价格谈判中，先开出每公斤38元，但接着加了一句："您是行家，我们开的价是生意的常规，有虚头骗不了您。最后的定价由您说了算，我们决无异议。"果然，客户在这种信任的赞誉声中，痛痛快快定了每公斤35元的价格（公司的进价是每公斤32元）。

由此可见，每个人都喜欢听称赞自己的话。在求人办事的过程中，只要恰如其分地投其所好，目的就更容易达到。

在人类交往中，人们只愿意和那些与自己有共同话题的人交往。奥地利著名心理学家亚佛·亚德勒这样的名言："对别人不感兴趣的人，他一生中的困难最多，对别人的伤害也最大。所有人类的失败，都出诸于这种人。"

求人办事时，不懂得投其所好，就很难展开话题。要获得别人的支持，就必须先为别人着想，对他人做出自己力所能及的支持或是做出关心别人的行动，也是投其所好的一种方式。

当你能够帮助对方，为其提供有价值的信息时，对方不可能不为你着想。所以，作为一个求他人办事的人应该学会投其所好，从关怀对方的角度出发，千方百计地顺应别人的性格特点，由此在别人的心目中留下深刻的印象。

每个人都对自己感兴趣的事滔滔不绝，在求人办事与人交谈时，如果能找准对方的爱好，恰当地切入对方感兴趣的话题，这场谈话将使双方聊得非常尽兴。投其所好的交谈，对于请求别人的办事者来说是有百益而无一害的。

然而，投其所好，并不是盲目地恭维对方，这种投其所好的谈话技巧常常具有极强的说服力，往往能促使对方同意自己的请求。不同的人，内心世界肯定是不同的。如果掌握一定的技巧，更多地了解对方的心理，求他办事时才能点中"要害"，让对方更乐意帮忙。但是，如果只投其表面所好，对自己未必有利。因此，要做到以下几点：

1. 要知己知彼，了解对方的兴趣所在

每个人都有着自己的兴趣点，多花些心思去了解对方的爱好和兴趣，力争在对方的兴趣上找到突破口，一步步诱其深入，看时机成熟，然后话锋一转，再把自己真正目的亮出来。要做到这一点，"知己知彼"十分重要，唯先知彼，才能抓住对方的特点，更好地达到自己的办事目的。

2. 奉承话说得恰到好处

当一时无法把握对方的兴趣或爱好时，不妨先奉承对方。每个人都喜欢听好听的话，都喜欢成为谈话的中心，赞美对方就意味着对他的优点和成绩表示肯定。让对方在毫无防范的情况下，按着自己的意思去做事，以达到自己的目的。但要注意对对方的奉承话要发自内心、恰到好处地说出来。否则，就可能弄巧成拙。

总之，要使别人在自己要办的事情上帮忙，最重要的是使他们自己心甘情愿。而要达到这一目的，就需要在谈话中迎合他的兴趣，投其所好。这样才能使最终的结果达到我们的期望。

第三章
求人办事的口才技巧

坦诚的话最有力量

很多时候,求人者想要说服别人为自己办事时,实在不用费尽心思去想种种谋略或手段,只需正确地陈述利与害就足够了。说话的魅力并不在于说得多么流畅,而在于是否有坦诚的态度。

求人办事时,并不要求你必须口若悬河。如果你能够用坦诚、得体的话语表达出你的请求,就很可能赢得对方的信任,建立起良好的人际关系,而且是值得信赖的关系,对方也可能由信赖你这个人从而喜欢你说的话,进而愿意帮你完成你的请求。

在美国南北战争期间,有位姑娘找到林肯,要求总统开一张去南方的通行证。

林肯说:"战争正在进行,你去南方干什么呢?"

姑娘说:"去探亲。"

"那你一定是个北方派,你去劝说一下你的亲友们,让他们放下武器。"林肯高兴地说。

姑娘说:"不!我是个南方派,我要去鼓励他们,要他们坚持到底,绝不失望。"

林肯很不高兴:"那你来找我干吗?你以为我能给你通行证吗?"

姑娘沉着地说:"总统先生,我在学校读书时,老师就给我们讲诚实的林肯的故事,从此,我便下定决心要学习林肯,一辈子不说谎。我不能为了一张通行证而改变自己说话做事都要诚实的习惯。"

林肯被姑娘诚挚的话打动了:"好吧,我给你开一张。"说着,在一张卡片上写下了这样一行字:"请让这位姑娘通行,因为她是一位信得过的姑娘。"

由上面的故事不难得出,在处于困境的时候,只要你把自己的困难坦诚地告诉别人,并诚心地向他人求助,被求助者一般都不会袖手旁观。而从助人者的角度来讲,助人比获得别人的帮助更能获得满足感。

很多人总是以为适时的"不诚"更有利于自己成事,太过坦诚会将缺点暴露无遗,甚至很可能导致自己所求的目的失败。事实上,只有坦诚的言语,才能打动他人内心,才能够真正获得对方的认可,因此获得别人的首肯。

有一位大学生,毕业之后到了一家经营玉石的大公司。这家公司的规模相当大,本来这位大学生是应聘公司职员的,可是上面却把他分到了公司下面的店里站柜台,让他向客人卖玉石。虽然当一名售货员并不是这位大学生的理想,但是他还是安心地干了下去。

干了仅仅一个月的时间,这位大学生卖的玉石竟然是全店售货员中最多的,因为他采用的就是诚实的销售方式。

当一位客人到来的时候,一般的店员都向客人说自己经营的玉石是多么的好,价钱是多么的合理。

这位大学生并不是这样,他先是向对方说出这种玉的价格,然后对客人说:"这种玉是一种顶级玉石,如果不是有些微瑕,那么它的价格就不是现在的这种价格了。"

然后他就向客人指出那玉石的微瑕,然后再向客人讲解一些鉴定玉石的技巧。结果，客人总是高高兴兴地买下他推荐的玉石。

从这个故事来看，只有用诚恳的态度去对待你想做的事，才会收到想要的结果。只有用坦诚的态度去对待你请求帮助的人，对方才会发自内心地帮你。

人生一世，总有自己力所不能及的时候，你不可能万事不求人。所以求人时，没必要为了迎合对方，而刻意地隐瞒自己真实的想法。你可以用委婉的态度和语气，把自己最真实的目的坦率地表达出来，让对方感受到你的诚意，对方自然就会接受你的请求，帮你达成心愿了。

因此，要想成功求得别人的帮助，首先要懂得怎样把自己的心意坦诚地传递给对方。只有当对方肯定你的诚意时，才会对你打开心门，进而产生帮你的意愿。

求人办事的说话禁忌

求人时就要使对方对你产生好感，所以你必须言语和善、能言善道。但对于心直口快的人，就要深思慎言，不说让人生厌和惹人不快的话，那样会事与愿违的。

我们生活中，求人办事是不可避免的。这时就要注意言语的得当，很多人往往会因为一句话而影响整个事情的成败。所以，说话既要看对方的性格，又要注意时机和场合。话说得好就能成全美事，说得不好就会适得其反。

一位穿着时髦的女士为购买一件时装而迟疑不决时，一位年轻的女营业员忙上前说："这件衣服品味高雅，销路很好，今天早上就卖出好几件。"可那位小姐听说后立即走了。

不一会儿，一位中年妇女来了，准备买一件新潮的马夹，那位服务员接受了刚才的"教训"，便说："这件马夹很气派。一般人穿着还压不住它，从进货到现在还没有卖出一件，看来只有你最适合了。"这位中年妇女听了气呼呼地走了。

上面故事里的服务员就是因为说话不分对象，导致失败的结果。由此可见，虽然说话并不是难事，但要想把话说得恰到好处，使对方能愉快地接受，从而顺利达成自己预期的目的，确实存在说话技巧的问题。

因此，在向对方提出自己的请求前，一定要注意言语和措辞，要避免造成像上面故事里的服务员那样，导致事与愿违的结果。求人办事时应注意以下几个方面：

1. 不说犯对方忌讳的话

在求人办事时，首先要获得对方的好感，对方才有可能对你有所帮助。所以，在出言相求时，一定要在谈话中注意言谈有度，把握分寸。切不可只图一时口快，冒犯了对方的忌讳，让对方心生不快或动怒，这样不但达不到成事的目的，反而会因此得罪对方。

2. 不说气馁的话

虽然是去求人，处在稍低的位置，需要适当的示弱，但也不能过分地把自己放在卑微的位置。过度的自卑和气馁会影响对方的情绪，造成谈话的氛围过分压抑，让对方误认为你一无是处，纵然帮了你也不会有什么好处，因此引起对方的反感和厌烦，导致功败垂成。

3．不说带有强硬姿态的话

既是求人成事，措辞和语气就要相对委婉，不能用强势的祈使语句。没有人愿意被别人命令做事。比如：你求别人办事时，与其用："你把这个事儿帮我办了。"不如用："你能帮我把这个事解决一下吗？"不论你与对方的身份、地位如何，求人办事时，姿态稍微放低一些，更易于让别人接受。

4．不说过分谦虚的话

有很多人在求别人办事时，喜欢贬低自己，以求既表现自己谦虚的优点，又借机抬高对方。但过分谦虚，会给对方一种畏首畏尾的印象，让对方对自己的为人产生一些负面的看法。因此，求人办事时，谦虚应适可而止，凡事还是实事求是更好。

5．不说怀疑对方能力的话

一般求人办事时，因为愿望比较迫切，所以容易表达出一些急于求成的意思，因此往往会导致对方误以为你对他的办事能力持怀疑态度，而引起对方的反感。

因此，在迫切想询问结果时，也要注意催问别人时用语的分寸，再配以询问的语气，比如用："那个事情现在有眉目了吗？"效果可能会好得多，切忌使用"怎么还不处理呀？""你们到底什么时候解决？""这个月底前必须处理！"等责问或命令的语气。这些话更多的是表达一些负面意思，由此会带来一些负面效果，所以应尽量避免。

6. 不说含糊不清、模棱两可的话

求人办事,就要把自己的请求表达得清晰、明确,坦诚地表达自己能力的欠缺,从而需要对方的帮助,以引起对方的共鸣,达到自己请求的目的。如果在表达时模棱两可、主题含糊不清,让对方提不起兴趣,或者让对方误以为你并没有足够的诚意求他办事,因而拒绝你的请求。

开口求人的时候,千万不要说出"你也可以"这样暗含含糊意味的词。因为这会使听者产生不悦之感。最好说一些"你是唯一的"之类的话,以此来激发他的荣誉感,比如:"这件事只有你才能帮我了!""要是你能帮忙,这件事一定能办得成!"由此可见,含糊不清、模棱两可的话是求人办事的大忌。

7. 求人办事,礼数周全

求人办事,一定要注意礼数,即便所求之人是关系甚为密切的朋友,也要注意请求的礼仪和语气,切不可有理所当然的心理。俗话说:"礼多人不怪。"不能自以为是地认为别人就应该帮你、责无旁贷,这样会让对方觉得强人所难,很难接受。

如果给人留下礼貌而又诚恳的印象,那么效果就不一样了。所以,在求人办事时要尽量给人留有回旋的余地和充分考虑的时间,让别人进退有度。

总之,求人办事,一定要注意把握说话的艺术,很好地运用求人的言辞,往往能达到事半功倍的效果。

第四章 能说会道赢得人心

在求人办事过程中，只要学会巧妙地说话。比如谈论对方最感兴趣的事情，那么成功也就八九不离十了。而要做到巧言辞令，一定要根据每个人的身份地位、性格爱好和心理采取不同的谈话内容，并把握分寸，才能达到办事的目的。

受到冷落时怎么说话

在求人办事被冷落时,要区别情况,弄清原因,再采取适当的对策。切不可拂袖而去或纠缠不休,更不应该怀恨在心。这样是不利于办事的,甚至有时会因小失大,影响办事效果。

求人办事之前首先要有个心理准备,有时候,对方冷落你是为了激怒你,使你远离他。这时,聪明的人会采取不在意的态度,懂得控制住自己的情感以热报冷、以有礼对无礼,从而使对方改变态度。

毕竟世间事不会尽如己愿。在求别人办事时,要抛开自己的身份、地位,放低自己的架子。以热脸对冷脸的态度引起对方的注意,肯定比直言责备效果要好得多。

小方开车送朋友去做客,主人热情地把坐车的朋友迎进室内,却把小方给疏忽了。小方开始有些生气,后来又觉得在这样闹哄哄的场合下,主人难免照顾不过来,有疏漏也是正常的,这或许并不是有意轻视、冷落自己。这样一想他气也就消了。于是,他悄悄地把车开到街上去吃了饭。

等主人突然想起司机时，他已经吃了饭且又把车停在门外了。主人感到非常过意不去，一再检讨。小方见状连忙为主人解围说："我不太习惯大场合，而且开车又不能喝酒，你也不用太放在心上了。"这种大度和为人着想的态度使主人深受感动。事情过后不久，主人又专门请小方来家做客，从此两人关系反而更密切了。

由这个故事可以看出，被人冷落是有一定原因的，并不全是故意而为。小方被主人冷落的原因就在于主人考虑欠缺而无意识地造成了对他的冷落。面对这种情形，小方站在他人角度思考问题的做法很值得肯定。

除了上面这种情况，一般被冷落的原因还有以下两种：一是因为自身误估与被请求对象关系的密切度，造成自己心理上的落差而觉得遭受到了冷遇；还有一种是被对方故意冷落，以此想让你知难而退。求人办事遭到别人冷落时，一定不能因为自尊受伤，就灰心丧气。正确的做法是，根据实际情况，找出原因，再决定相应的对策，具体做法如下：

1. 求人办事，要多谈对方关心的事情

在求人办事的谈话中，为避免使对方反感，就应从对方关心的事情着手。因此，要想在谈话中达到让对方帮你办事的目的，你必须从对方所关心的问题开始，不断提起、不断深化，这样不但不会使对方反感，反而会因为你的体贴，达成你的要求。

2. 求人办事，要注意察言观色

在求他人办事时，要时刻注意对方的言行，这样有助于摸清对方的心思。根据对方的情绪选择恰当的谈话方式，让他感受到你的关心，这样既会摆脱尴尬的气氛，也会改变你被冷落的局面。

3. 要有诚心和耐心

求人办事，对待别人的冷遇要灵活，不能钻牛角尖。否则事情不但办不成，结果反而会更糟。

总之，求人办事是否能成，完全掌握在自己手中。多和别人谈话，多积累这方面的经验，这样你求人为你办事时，就不会那么难了。

会说话能让你事半功倍

把话说到对方心里去，才能事半功倍，达到你的目的。一个会说话的人，甚至可以通过简单的几句话而改变一件事情原有的结果。

说话水平高的人，话语能拨动心弦，只言片语就能使空气轻松或紧张，在人际关系中游刃有余，在竞争中能脱颖而出。说话水平低的人，或忸怩木讷，或词不达意，或似是而非等等，毫无疑问，这样的人往往被拒之门外。所以，说话水平是决定一个人办事的优劣成败的重要因素之一，只有说话水平更胜一筹的人才会被赋予重任。

也许有朋友会说："光是说几句话就可以左右结果吗？这样未免也太简单了吧。"是的，有时候单凭几句话，就可以改变结果，使事情偏向对你有利的方面。

一天，一位老师傅领着徒弟去乡下的河边拉沙子。乡下的路很难走，到处都是沙子和小石块。在回来的路上，"嘭"的一声，车子后轮的一个轮胎爆了。他们虽然带了备用轮胎，却忘了带千斤顶，没办法，师傅让小徒弟去向路边的人家借。

临走之前，师傅在徒弟耳边说了几句话。徒弟看了看师傅，将信将疑地朝路边的房子走去。果然，一会儿工夫，徒弟抱着千斤顶回来了，他高兴地对师傅说："师傅，一切都跟你说的一样，你太神了！"

原来，徒弟走到房子跟前去敲门后，开门的是个中年男子，从他不耐烦的模样可以看出他并不那么好说话，但徒弟还是按照师傅的吩咐，笑着说道："又有事要麻烦你帮忙。"

中年人看了看这个陌生的年轻人，说："我想我并不认识你，你怎么说又需要我的帮助呢？"

徒弟说："你家就在马路的边上，尽管你没帮过我的忙，但也一定帮过不少人的忙，所以，对你来说，肯定是又有事需要你帮忙了。"

中年人听了小徒弟的话，嘿嘿一笑，说："说吧，你有什么需要我帮忙的？"

徒弟这才说："我的车子轮胎爆了，我虽然带了备用轮胎，但忘了带千斤顶。我想，肯定曾经有人也像我一样跟您借过千斤顶换轮胎，所以我也想跟您借一下千斤顶。"

中年男人自己并没有车，所以他没有千斤顶，但他听了徒弟的话，觉得不帮忙似乎有点说不过去，于是放下手中的活，对他说："虽然我没有，但是我知道哪有，走吧，我带你去借。"

于是，中年人带他走了很远的路，来到一个朋友家借到了一个千斤顶。徒弟谢过中年人之后，便高高兴兴地捧着千斤顶回来了。于是，就出现了开头的那一幕。

这就是说话的艺术，故事中的师傅充分把握了中年男人为善欲为人知的心理，先肯定他曾经做过很多好事，帮助过像自己一样的路人，使中年男人觉得自己既然帮助了那么多有需要的人，理所应当地也应该帮助眼前遇到麻烦的路人。这种说话的智慧实在叫人佩服。师傅只是用短短的几句话，就解决了难题，轻松地换上了备用轮胎，安全到达了目的地。试想如果徒弟没有运用这种说话的智慧，而是理直气壮地去中年男人家索取帮助，恐怕他们一整天都要在路边发愁怎样换上轮胎吧！

会说话、说好话，知道见什么人说什么话是一种社会能力，它不但是你智商和情商的体现，也是你交际能力和对事物把握度的体现。

进退有据的口才技巧

要想把话说得恰到好处，那就要把握住说话的"进"与"退"的时机。失足，你可以马上站起来；失言，却也许永远无法挽回。

一位哲人曾说："世上有这样的两种人，一种是狐狸，一种是刺猬。刺猬遇到事情只能把自己的刺竖起来，而狐狸就可以随机应变。""刺猬"只会一味"进",或一味"退",最终走向极端,而"狐狸"却可以依实际情况采用不同的方法和措施。其实,讲话也要讲究进退,更重要的还要懂得把握"进"与"退"的最佳时机。

所谓"机不可失,时不再来"。该说话时不说,容易时过境迁,失去成功的机会。一句话说到点儿上,很快拍板,事情就办成了。说话时机的把握,有时就在瞬息之间,稍纵即逝。因此,对说话时机的把握,在办事过程中显得尤为重要。

一个人说话是以整个社会生活为背景的。要把握准说话的时机,就不能不对说话时境与说话行为之间的变化规律及特点有一个基本的认识。如果并非正式交谈的话,很难定个时间进行,这就要求你交谈时要善于捕捉时机。

瑞典著名的登山运动员克洛普,有一次他和12名登山者一起攀登珠峰,在攀至离峰顶近在咫尺处,克洛普却毅然决定返回。原因在于,如果继续攀登将会延迟预定的返回时间,那样就会超过安全返回的时限,无法在夜幕降临前安全下山。

事实证明,克洛普的选择是明智的,同行的另外12名登山者大多数尽管登上了顶峰,但最终因错过了安全时间而葬身暴风雪。此次登峰,克洛普尽管没有成功,但他却积累了宝贵的经验,在第二次攀登中,他顺利地实现了攀登珠峰的愿望。

这则故事,说明选择进退的时机非常重要。说话也犹如攀登,谈话的过程,就是选择的过程。什么时候该张口,什么时候该沉默,选择正确就能达到你要的效果,选择错误就会让人觉得反感,甚至导致谈话仓促结束。

子曰：可与言而不与之言，失人；不可与言而与之言，失言。知者不失人，亦不失言。

日常生活中，不该说话的时候说了，叫急躁；应该说话了却不说，叫作隐瞒；不看对方脸色变化便贸然开口，叫闭着眼睛瞎说。如果是一个有智慧的人，应当是对该对他说的人说该说的话。这就需要具有把握"进"与"退"最佳时机的能力。

有一家公司，新购置了一批计算机及相关办公设备，但在机房没有安装空调。领导认为公司的其他人都在没有空调的环境条件下办公，对机房也不宜破例。虽然机房负责人李先生据理力争，一再强调装空调不是个人享受而是出于对机器保养的需要，但这仍然不能改变领导的"老原则"，李先生也就只能作罢。

后来，公司组织的一次集体旅游，让这件事情出现了转机。在一个文物展览会上，领导发现一些文物有了毁坏和破损，就询问解说员。解说员解释说，这是由于文物保护部门缺乏足够的经费，不能使文物保存在一种恒温状况下所致，如果有一定的制冷设备，如空调，这些文物可能会保存得更加完善。领导听后，不禁有些感慨。这时候，站在一旁的李先生趁机对领导低语："其实，机房里装空调也是这个道理呀！"领导看了他一眼，沉思片刻，然后说："回去再打个报告上来。"很快，这位领导就批准了为机房装空调设备的要求。

正如上述例子中的李先生，在领导拒绝他买空调的建议之后，明智地选择了"退"，稍做等待。在旅游的时候，抓住"进"的时机，

把自己的建议进一步具体化。就是因为抓住了提建议的适当时机,才得以说服领导给机房购买空调。由此可见,把握交谈时机就像烹饪高手做菜讲究火候一样。恰到好处时,一句话可能比平时说一千句还有用。

很多人因不懂得如何把握说话进退的时机,因此丧失了成功的机会。掌握说话的时机并不是依靠直觉,而是和其他经验一样,是磨练出来的。不论在交际场上还是在其他事业上,适当把握说话的时机都是迈向成功之途不可缺少的要素。

1. 要懂得察言观色

很多人说话时不看对方,说什么全凭自己高兴,完全不理会别人的感受。这种漠视别人存在的说话方式,不但不能发挥言语上好的影响力,反而容易得罪人。因此,说话时眼睛要真诚地看着对方,不能只顾自己的感受。只有适时察言观色,待对方心平气和、情绪稳定时,你的言语才会受到重视。

2. 要懂得控制声调

没有人喜欢咄咄逼人的声调,过强的声调只会让人敬而远之,即使你讲的事情很有价值,但是在对方心里已经对它产生了逆反的心理,从而根本达不到说话的目的。

3. 要懂得抓住要点

交谈时提出话题,一定要抓住事情的要点。有话则长,无话则短。不要用过多的辞藻去修饰,尤其是在交谈对象就餐或休息时,一定不能用废话占用谈话的时间,把最重要的信息放在最重要的时间段里表述,这样才能把话说得恰到好处。

在适当的时机说适当的话，正确把握"进"与"退"的最佳时机，才能让言语变得更有价值。否则，那只能说明你没抓住重点，那么你的目标也很难达到。

迂回策略打动人心

如果你为一个人而忽视了所有在座的陪客，那么不但大家心怀怨怒，主角也不会自在。所以求人办事时，既要特别照顾到主角，又要关照好主角以外的人，以创造出春风拂面的和悦气氛。

在求人办事的时候，很多人总是习惯把全部精力集中在关键人物身上，认为只有搞定关键人物，事情才能得以顺利解决。其实，要想把事情顺利办成，除了尽最大努力搞定办事的主角外，还要把目光投向主角以外，争取那些能够影响这位主角决策的人的同情、支持和帮助。如果关键人物和他身边的人都愿意帮助你，那么事情成功的可能性就大得多。

西汉初年汉高祖刘邦率领大军与匈奴交战。刘邦求胜心切，带领骑兵追击敌军，不料中了匈奴埋伏，被迫困守白登山。后援部队被匈奴军队分头阻挡在各个路口，无法前来解围，形势十分危急。

眼见汉军粮草越来越少，伤亡将士不断增加，刘邦君臣急得像热锅上的蚂蚁，坐立不安。跟随刘邦的谋士陈平连日以来，苦苦思索着突围之计。这天，他正在山上观察敌营动静，突然发现山下敌军中一男一女在共同指挥匈奴兵。经了解得知那是匈奴首领冒顿单于和他的夫人阏氏。他灵机一动，从阏氏身上想出一条计策，回去和刘邦一说，马上得到了允许。

接着陈平派一名使者，带着金银珠宝和一幅画像秘密地去见阏氏。使者用高价买通了阏氏帐下的小番，得到了晋见阏氏的机会。见到阏氏后，使者指着礼物说："这些珠宝都是大汉皇帝送给您的，大汉皇帝想与贵国和好，所以送来礼物，请务必与匈奴首领疏通疏通。"

阏氏的心被这份厚礼打动了，全部收下。紧接着，使者又献上一幅画像，打开一看，原来上面画的是一位娇美无比的美女。使者说："大汉皇帝怕匈奴王不答应讲和，准备把中原头号美人献给他。这就是她的画像。请您先过目。"

阏氏接过画像一看，图上的美女就像天仙一般漂亮。她想，如果自己的丈夫得到如此美丽的中原女子，还有心思宠爱自己吗？想到这里，她摇着头说："这用不着，拿回去吧！我请单于退兵就是了。"

使者卷起画像，告辞了。阏氏送走汉军使者后，去见单于，她说："听说汉军的援军快打过来了，这里的汉军阵地又攻不下来。一旦他们的援军赶来，咱们就被动了。不如接受汉朝皇帝讲和的条件，乘机向他们多要些财物。"

冒顿单于经过反复考虑，终于同意了夫人的意见。后来，双方的代表经过多次谈判，达成了停战协议。

由这个故事可以得出，有些时候，即使是只能主角敲定同意解决的问题，也会受到主角周围的人所影响。如果不是使者攻克了阏氏夫人的心理防线，白登之围也许就不会那么快得到解决。

由此可见，求人办事时，对于主角身边的人物，切不可因对方无权无职，就以为可以随意应付，否则你的好事可能会败在他的手中。

尽管人们的社会角色和社会地位不同，但都需要受到尊重，因为维护面子的精神需求是一致的。如果你忽略了这一事实，求人办事时，对关键人物礼让三分，而冷落了周围的人，则伤了主角以外人的自尊，从而搞砸人际关系。

因此，求人办事，不能盯死主要目标，全力以赴。同时，对于目标周围的那些"边缘人物"，也要多多花费心思。俗话说"红花还须绿叶配"，可见配角同样重要，有时甚至能起到意想不到的作用。

说话要讲究点心理策略

同陌生人交往的最大困难就在于不了解对方，在同陌生人说话之前，首先要解决的问题便是尽快熟悉对方，消除陌生。与陌生人相识后就直呼对方的名字或称谓，可以缩短双方的心理距离。

比起国人的矜持，很多外国人却"偏爱陌生人"。一些在国外工作和生活过的中国人，都有一个共同的感受，那就是经常能从陌生人那里看到微笑、听到问候、得到帮助。

在社会交往中，每个人都会遇到很多不同身份的人：可能是不平凡的人，或许就能成为你的知音；或是遇到些有成就的人，给予你宝贵的知识协助。但如果你在与人交往时仅是敷衍了事，就很可能会错失这样的大好机会。因此，我们应该用更好的方法来应对这一场面。

和陌生人说话是社会交际中的一个难题，处理得好，可以一见如故，相见恨晚；处理得不好，就导致四目相对，局促无言。

小李出差住在一家旅店，一个先他而住的客人已悠闲地躺在床上欣赏电视节目。小李放下旅行包，稍微清洗了一下，冲了一杯浓茶，便和那位先他而来者攀谈起来："师傅来了多久了？""比你先来一刻。"他答道。

"听口音不是南方人啊？""噢，山东枣庄人！""啊，枣庄是个好地方啊！我小时候就在《铁道游击队》连环画上知道了。几年前去了一趟，在那里玩了好几天呢。"听了这话，那位枣庄客人马上来了兴致，二人从枣庄和铁道游击队热烈地谈开了。那股亲热劲，不知道底细的人恐怕以为他们是一道来的呢。接着他们互赠名片、一起进餐，睡觉前双方居然还在各自身边带来的合同上签了字：枣庄客人订了小李公司的一批产品；小李也从枣庄客人那里弄到一批价格比较合理的议价煤。

两个陌生人相对，要想打破沉默的局面，开口讲话是首要的。小李以招呼开场，通过听对方说话的口音，了解对方情况，聊对方最感兴趣而自己又有所了解的话题，最终和对方相谈甚欢。

与陌生人打交道，谁都会存有一定的戒心。美国前总统里根曾说过："你在游说别人之前，一定要先解除对方对你的戒心。"提问是引导话题、展开谈话的一个好方法。每个人都有好为人师的本质，特别是自认为经验丰富和取得了一些成就的人。当我们用"求教"的方式向陌生人提出问题时，几乎没有人会拒绝，这样你们就可以拉近彼此心与心之间的距离。

提问时应注意提问内容，不要问对方难于应对的问题。如超越对方知识水平的学问、技术问题等；也不应涉及对方难于启齿的隐私，以及大家都忌讳的问题等等。对于发问的方式也要注意，查户口式的一问一答只会让双方更尴尬。提问最好采取开放式，如果你提的问题对方一时回答不上来，或不愿回答，不宜生硬地追问或跳跃式地乱问，要善于调换话题。如果你事先就知道将要同一个陌生人见面，那么在见面之前通过别人打听一下这位陌生人的情况，这对于将要开始的交谈是十分有利的。

和陌生人交往中，要绝对避免与对方在任何问题上起争执。第一印象很重要，良好的第一印象能给人传递良好的信息，是打开机遇大门的钥匙，这不是简单的表面功夫就能做到的。真正良好的第一印象是包括得体的仪表、大方的态度、自信的语言等多个方面由内而外地营造出来的。若能给人留下好的第一印象你就成功了一半。

学会和陌生人说话可以拓展自己的人际关系，与陌生人谈话时要注意以下几个问题：

1. 不要随意打断对方的话题，做一个倾听者

在和陌生人谈话时，要对他的职业、性格、爱好表现出特别的兴趣。在对方说话过程中，不时地插入一两个小问题或由衷地表示你的

赞美和感叹："啊，这太有意思了。""真想不到，会是这样的呀？"让对方觉得你很愿意听他的谈话，并很可能因此把你看成他的知己。

2. 以礼相待，给人好印象

讲究礼仪，是尊重彼此的表现形式，它体现了个人素质与修养，是给对方留下良好印象的必要前提。从交际礼仪的角度讲，与陌生人谈话要注意两个问题：回答对方问题要经过思考，敏感话题要懂得避开。不要随意对别人说的话或做的事做出评判，不要贸然地去问对方敏感的问题，比如对方的收入等等关于经济的问题。和陌生人谈话，哪些能说，哪些不能说，这是每个人必须要明了的。

3. 打开话题，寻找彼此的共同之处

面对你不太了解的人，要不停地转换话题，设法寻找到对方最感兴趣的，这是消除对方戒心和避免彼此尴尬的最佳利器。两个人之间总会有共同之处，可以从口音、爱好、工作性质等等方面着手，细心揣摩对方的谈话总是可以找出双方的共同点，使陌生人变为熟人，成为你生命里的贵人或朋友。

一定要记住对方的名字

人们非常重视自己的名字，并希望别人能够记住。如果想要给人好感，最简单、最明显而又最重要的方式，莫过于能够随口喊出对方的名字。

第四章
能说会道赢得人心

有钱人常常出钱资助那些穷困的作家、艺术家和音乐家。他们希望这些艺术家能够把作品献给他们,使他们的名字随着这些作品得以流传。在我们的图书馆和博物馆里,最有价值的艺术品往往由那些希望人们记住他们名字的有钱人捐赠。比如,纽约图书馆里有埃斯德家族与里洛克家族的藏书;大都会博物馆则保存着本杰明·埃特曼与J.P.摩根德的签名书信;而几乎每一个教堂里都镶嵌上了彩色玻璃,用来纪念那些捐赠者。

因为这样,你就给了别人受重视的感觉——据我所知,每个人都希望拥有这种感觉。这种方法可以说是屡试不爽。

在记住别人的名字方面,富兰克林·罗斯福总统是一个典范。众所周知,罗斯福总统是这个世界上最忙的人之一。但是他知道记住别人名字的重要性,所以舍得花时间去记住那些人。一次,克莱斯勒公司特意为罗斯福总统制造了一辆汽车,总经理张伯伦和一位机械师将这辆汽车开到了白宫。在张伯伦的信里,他记述了当时的情形:

"我教罗斯福总统如何驾驶一辆配置了许多特殊部件的汽车,而罗斯福总统也教给了我许多为人处世的道理。

"总统非常高兴地把我召入白宫,他立刻就叫出了我的名字,这使我非常高兴。令我印象尤为深刻的是,他确实很注意我为他所做的说明。

"总统说:'这辆汽车真是太完美了。只要按下这个按钮就可以开动它,而且可以毫不费力地进行驾驶。我不知道它是怎么工作的。我希望自己能有时间对它进行研究,看看它是如何工作的。'

"当总统的许多朋友和同事都围在四周称赞这辆汽车时,他又当着大家的面对我说:'张伯伦先生,你设计这辆车花了大量的时间和精力,非常感谢你。这辆车简直太棒了!

"然后,他又对车内的散热器、特制反光镜、时钟、特制的照明灯、椅垫的款式、驾驶座位、刻有他姓名缩写字母的特制衣箱等加以赞赏——他注意到了每个细节,对于我所付出的心血给予了极大的褒奖。他还特意让罗斯福夫人、秘书波金女士、劳工部长等人注意这些部件。他甚至嘱咐他的黑人司机,对他说:'乔治,你可要好好照顾这些衣箱。'

"上完驾驶课程之后,总统对我说:'好了,张伯伦先生,我已经让联邦储备委员会的委员们等我30分钟了。我想我应该回去工作了。'

"我当时带了一位机械师。这位机械师是一个很害羞的人,在我们说话的时候,他总是站在后面。尽管他自始至终没有和总统说过一句话,而且总统也只听我介绍过一次他的名字,但出乎意料的是,当我们离开的时候,总统特意找到这位机械师,并与他握手,还叫出了他的名字,对他来到华盛顿表示感谢。我能感觉出来,他的感谢一点都不做作,而是真心诚意的。

"几天之后,我收到了一张罗斯福总统亲笔签名的照片,照片后面还附有简短的对我的帮助表示感谢的言辞。作为一位国家元首,罗斯福总统怎么会有时间来做这样的事情呢?这真的让我难以置信。"

罗斯福总统何以给张伯伦先生留下如此深刻而美好的印象呢?当然不是因为他是国家元首,而是因为他给了人一种被重视的感觉。为什么他能给人这种感觉?原因很简单:他非常尊重他们,并且记住了他们的名字。

作为一个政治家,记住选民的名字,往往是他的第一堂课;而如果忘记了他们的名字,你将会很失败。在每个人的事业和商业交往中,记住别人的名字也很重要。

德克萨斯州商业股份有限公司董事长班顿拉夫有这样的感触:公司越大,人们之间的关系就会越冷漠。他认为,记住别人的名字,是唯一能使公司氛围变得融洽的办法。

洛克帕罗是加利福尼亚州一家航空公司的服务员,她经常训练自己记住旅客的名字,并注意在服务时叫他们的名字。这使得旅客感到很亲切。有的旅客会当面表扬她,而有的则会写信到公司表扬她。有一封表扬信这样写道:"我很久没有坐你们公司的飞机了。但是从现在开始,我决定以后只坐你们公司的飞机。你们亲切的服务让我觉得你们公司似乎是属于我个人的,这一点十分重要。"

大多数人常常不记得别人的名字,原因多数是他们没有注意到这件事情的重要性。现在,你既然已经知道记住别人的名字有多么重要,那为什么还不花点时间和精力去做这件事情呢?

拿破仑的侄子——拿破仑三世曾经说:"虽然我很忙,但是我不会忘记所听过的每个人的姓名。"这不是因为他的记忆力很强,而是因为他的方法非常好。其实,他的方法十分简单。如果他没有听清楚对方的名字,他就会请求对方再说一遍;如果这个名字不常见的话,他会请求对方把这个名字拼写出来。而在谈话过程中,他会将对方的名字反复记忆,并把它跟其长相、外表和其他特征结合起来。会见完的时候，他通常会把那个名字写下来，然后盯着它看很久，直到确认自己已经牢牢地记住了它才罢休。这样一来，当然记得很牢了。

这样看来，记住别人的名字确实需要花一些工夫，但是这显然是值得的。爱默生说过："礼貌，是由微小的牺牲换来的。"如果你打算融入这个社会，成为交际场上成功的人，这点牺牲又算得了什么呢？

场面话不能轻易相信

"场面话"不过是人与人交际中找个话题混个脸熟而已，什么话开心，什么话可以博个笑脸，就讲什么话。在与他人交际的过程中，场面话可听不可信，如果对方喜欢说场面话，要小心在漂亮言辞中暗藏的玄机。轻信别人的场面话有时不是单纯，而是愚钝。

当今社会，每个人都会说或听到一些场面话，场面话看似隐藏了许多真实的意思，让人误以为真。其实，这些话只是为了应付一些场合或是为自己找一个台阶下，没有场面话，场面就不能称之为场面了。

人生在世，就一定得与人打交道。要说很多场面上的客套话诸如："我会全力帮忙""有什么问题尽管来找我"等。这种话有时是不说不行，因为对方运用人情压力。若当面拒绝，场面会很难堪，而且会马上得罪人；若对方缠着不肯走，那更是麻烦，所以用场面话先打发，过后也就忘记了。

第四章
能说会道赢得人心

小郑在公司工作了好几年，一直没有得到升迁。于是小郑去拜访单位人事部的主管，希望能调到别的部门。据他了解，那个部门的领导已经离职，职位还一直空着，而且他各方面的条件都符合那个职位的要求。那位主管表现得非常热情，并且当面应允，爽快地说："没问题！"

于是，小郑高高兴兴地回去等待消息。谁知几个月过去了，一点消息也没有。于是，他向那个部门的同事打听消息，同事告诉他那个职位早已经有人捷足先登了。为此他很想不开："为什么人事主管对我承诺说没有问题，又安排别人去坐那个位置？"

从这个故事里不难看出那位人事主管向小郑应允"没问题"，只是一句场面话。碍于面子的压力，有些话不能当面说或直接拒绝，只能用场面话先应付一下，帮不上或不愿意帮忙再找理由，这是一种缓兵之计。而小郑却对人事主管的场面话深信不疑，所以才造成了他最终的失望和纠结。

无处不在的场面话充斥在人们的生活当中，即使是再亲密的人也会有说场面话的时候。

社会交际场合更是场面话最活跃的地方，许多人把它当作社交礼仪的一种策略。场面话的可信度有多高，自是不得而知。这种场面话所说的，有的是实情，有的则与事实有相当大的差距。听起来虽然很牵强，但只要不太离谱，听的人十之八九都会感到高兴。场面话不得不说、不得不听，但一定不可完全相信。

张小姐去参加一个聚会，有两个商场上的业务伙伴过来打招呼。

张小姐连忙放下手中的冰果汁与客户握手。有一个客户笑着问她:"张小姐,为什么你的手冰冷冰冷的,要不要加件衣服啊?"张小姐连忙摆手:"谢谢,不用",同时手朝着冰果汁一阵乱指,意在向客户解释。那位客户笑着摇头说:"张小姐,你只需要说'我的心是热的'就行了。"张小姐恍然大悟。

其实客户并不是真的关心张小姐手是不是冷的,而张小姐也不需要去解释为什么,只不过是社交场合的场面话,让彼此面对时能有话说,不至于冷场。

与人交往中,如果对方与你说了场面话,你一定要保持头脑清醒,冷静和客观地分析和对待,千万别为他人的两句好话就乐昏了头,否则就会影响你的客观判断。冷静下来,看看对方的用意何在。"耳根子太软"是做人的忌讳。听别人场面话多了,就会发现:它可以真实也可以虚假,当真了它就是真实的,能够实现的。一笑置之就是虚假的,永远也不会兑现了。

就算对方拍着胸脯答应的场面话,你也只能持保留态度,以免希望越大,失望也越大。暂时"姑且信之",因为人性的变化无法预测,既无法测出别人的心理,就只能做最坏的打算。

要想确定对方说的是不是场面话,可以在事后多次求证,从对方的态度就能确认当时的话是真还是客套。如果对方言辞闪烁、避谈主题,那就可以肯定对方说的就是场面话。所以,在社会交际中区分这种场面话是否可信,可以减少很多不必要的麻烦。

说场面话是社交场所的一种生存智慧,这不是虚伪,而是一种必要。

一般场面话大概有以下几种：

1. 当面称赞的话或例行公事的问候

比如称赞你漂亮或对你的衣着打扮表示肯定和欣赏，或像上面故事里客户走过场式的问候，虽然都不能太当真，但听起来还是很受用。

2. 当面的允诺或预约

其实这些敷衍的话就如"你好""再见"一样随意。这些话是为了避免面对面拒绝和无语的尴尬。听过就算了，如果你当真，就只能说明你涉世的经验还需要积累。

由此可见，工作之中、交际场上，场面话不是罪恶，也不是欺骗，而是为了生存。一个人不可能完完全全地在别人面前表现出最真诚的一面，所以我们也不能对别人说过的每一句话都信以为真。

适当的时候说一些场面话

场面话就是感谢加称赞，说场面话的目的是让对方高兴。这种话并不完全代表你内心真正的想法，也未必真的符合事实。但场面话切忌过分夸张，夸赞也要适可而止。

说场面话并不难，不同的场合其场面话也要符合场景需要。如果你能学会讲"场面话"，对你的人际关系一定会有很大的帮助，你也会成为吃得开、受欢迎的人。

人际的复杂性决定了说话不能一成不变。比如去参加一个聚会，就要夸奖主办方准备周到、思虑周全，与会的众人皆是佼佼者；做客的时候可以赞赏主人家装修的品位、美食的丰盛等等。

在人际交往中，要想将不利己的形势进行化解，使自己稳中求安，就要学会说场面话。不管你愿不愿意，很多时候，场面话都必须要讲。从某个程度上来说，场面话是为了满足听者的一种心理需求。

小芳的好友结婚，小芳身为新娘的闺蜜，自然是做伴娘的最佳人选。新郎新娘出于对经济条件的考虑，决定一切从简。由于新郎新娘的家人都在外地，打算回老家后再补办婚礼。这次请的是双方的同事，尤其是新郎的同事居多。

因为婚事从简，小芳就把婚礼司仪也一并兼任了。小芳上台道："今天，我的好姐妹要嫁给一位IT精英，真为她感到高兴，为什么呢？因为嫁给IT男人好处多啊。"台下的人都瞅着小芳，小芳接着说："首先，IT人员的工作节奏比较紧张，接触的人员比较单一，所以我的好友就不用担心外遇问题了；其次，他们都是电脑高手，现在电脑这么普及，有个电脑高手在身边，就少了电脑维修的后顾之忧了；最后，IT界属于潜力股，比尔·盖茨就是做IT的，我的好友也许一不小心就成了世界首富的家属了。"小芳这一段场面话，博得全场欢呼。

也许IT界并没有小芳说得那样好，但是当面对这样一群人的时候，说话的内容就要表示出对这个行业的尊重，在赞美这个行业的时候抬高了从业人员的身价。渴望被尊重是人类的共性，而顾及别人尊严的场面话就分外受人追捧。

人立于世间，要学会说点场面话。通常合适的场面话能快速有效地拉近你与他人的距离,并且以此为基础建立起良好的人际关系。怎样说好场面话,是一个人智慧和情商的体现。说好场面话对你的人际关系大有帮助。

自古以来,礼仪之邦的国度就赋予了国人一种能力:待人接物尽量客气,讲话尽可能委婉。由此,中国也形成了一种"人情社会"——不当面拒绝、多顾及场面,这种约定俗成的"规则"其实也是一种礼仪和文明的体现。

小李是公认的实在人,一是一、二是二。他觉得人要活得有诚信,诚信就是要不断地履行自己的承诺。所以,他深知这一点,不论任何场合,都不会轻易许诺什么。

有一次老同学聚会,大家相谈甚欢。当年和小李同宿舍的老大小赵拍着小李的肩膀说:"王子,现在混得不错了哈,哪天有空了咱们哥几个要好好地喝一杯,好好叙叙。"

"我最近都没有空,估计不能去啊。"小李立刻拒绝了小赵的提议,这确实也是实情。他手头上最近在忙一个案子,参加这次聚会已经和头儿使尽了各种招数。

小赵听了讪讪地笑了:"空了再约,空了再约。"但整晚没再和小李讲一句。

后来,小李再和小赵联系时,对方一直都表现得冷冷的,一副公事公办的态度。小李到现在还没明白为什么当年的兄弟情一下就降至冰点。

在日常交际中,总是难免会说些日后不会实现的承诺,小赵的意思也并未确定真正的聚会日期,小李完全可以虚应下来。可他当着众人面毫无余地地拒绝小赵,这种方式显得太不近人情,让对方觉得很没面子。

场面话不等同于虚伪,也不能完全是空话和套话。虽然有时候,我们对别人说一句"你很不错""你的想法很棒"之类的场面话,他也不一定当真,但给他带来的鼓励是很大的。但这一定要在他确实有过努力和很不错的表现的前提下,否则听起来就有讽刺的意味了。总之,场面话说得好,让人听着舒坦;场面话说得不好,让人听着别扭、生硬。说场面话的能力,甚至也是一项生存技能。如何说好场面话实在是件考验人的事,想要说好场面话,可以从以下几方面入手:

1. 懂得当面赞扬别人

当面称赞他人自然能得到他人的欢心,这种场面话可以是实情,也可以与事实稍有偏差,但这种话一定不能说得太离谱。比如你夸他人的孩子聪明可爱是可以的,但不能夸成前无古人,后无来者的神童。太过于奉承的场面话效果会适得其反。只要不太过夸张,一般听者都会感到开心的。

2. 站在听者的角度来说话

根据听众的身份、熟知程度,选择说话的内容。立足于听众的角度,最大限度地尊重、抬高他人,引起听者强烈的亲切感,产生同属一个团体的归属意识,他自然就乐于与你交往。

3. 不当面拒绝他人,说话一定要给别人留情面

当面拒绝别人,场面会很难堪,甚至当场就会得罪对方。给别人

留面子等于给自己留面子,当面虚以应对,过后再私下找理由拒绝,这样在交际场合中不仅能左右逢源,还能搞活气氛。总而言之,场面话就是在场面上让人开心的话。虽然没一定的标准,但也要把握分寸。不宜讲得太多,太多了就显得虚伪和浮夸,反倒显得你别有用心。懂得适可而止,你将会成为受欢迎的人。

第五章 当众演讲的口才技巧

当众演讲是一门非常实用的口才技巧,很多高明的演讲家,都靠着这门技巧收获了巨大的成功和财富。当我们站在演讲台上,不再是一对一的交流,而是和几十人,几百人甚至上千人同时交流,这需要很强的心理素质和口才技巧。

第五章
当众演讲的口才技巧

直视听众，拿出你的自信

有一次，卡耐基参加训练班的毕业聚会。在聚会上，一个毕业生当着二百多人的面对他说："卡耐基先生，五年前，我来到你举办示范表演的一家饭店。当我来到会场门口时，就停住了。我知道只要走进房间，参加上课，早晚都得要讲演一番。于是我的手僵在门柄上，我害怕走进去；最后，只有转身走出了饭店。当时，我要是知道你能教人轻而易举地克服恐惧——那种面对听众会瘫软的恐惧，我就不会白白错过失去的五年了。"

听完他的话后，卡耐基为他特别的仪态和自信所吸引。因为他这样坦诚相告，并不是隔着张桌子在闲话家常，而是在对着许多人发表议论。这说明，他已完全克服了当众害羞的心理，他必定能借助现在所具有的表达能力和信心，成功地进行演讲。

也许，他要是在五年或十年之前便已战胜恐惧，那他比现在肯定已享受了更多更好的成功和快乐。

爱默生说："恐惧较之世上任何事物更能击溃人类。"这句话是很有道理的。也正因为如此，卡耐基认为消除恐惧与自卑感是人们掌握演讲和谈判技巧的最好方法之一。而在这个过程中，卡耐基认为，练习在公共场合说话是天然的一种方法，它不仅可以克服不安，而且有助于建立勇气和自信。因为当众说话可以使人们控制住自己的恐惧。

那么怎样才能直视听众，以最自信的姿态来演讲呢？下列建议可供大家参考：

1. 表现出信心十足

要有一种强烈而持久的愿望，想象自己成功地当众说话。因为如果你对某种结果有足够的关心，你自然会实现那一结果。与此同时，要让你坚定的信心和思想引导你的行动。在面对听众之前深呼吸30秒，昂首挺胸，身体站直，直视听众的眼睛，表现出信心十足的样子。

2. 做好充足的准备

发言前要做好充分准备，因为准备充分会带给你信心。登台前的恐惧是正常的心理反应，恐惧是可以通过控制、练习克服的，克服了这些恐惧，你便一定会把自信的演讲呈现给听众。并且，准备要提前，但是绝对不要在演讲地准备、思考或者担心。在演讲之前，最好在朋友面前预讲一下，这样可以对自己有把握。与此同时，要在演讲开始前到场，让自己自然地熟悉大厅、演讲台、话筒、组织者和其他人。

3. 自己给自己打气

用简明、正直的言词跟自己说：你的演讲很适合你，因为它来自你的经验和感悟，你比听众中的任何一位都更有资格来做这个演讲，并且你将全力以赴把这个问题说清楚。

第五章
当众演讲的口才技巧

想着特定的听众，讲话要有针对性

康威尔著名的讲演"如何寻找自己"，先后讲过近6000次。你或许会想，重复这么多次的讲演，应该已经根深蒂固地印在演讲者的脑海中了，讲演时，内容与音调该不会再变了吧？其实不然，康威尔博士知道听众的程度与背景各异。他觉得必须使听众感到他的讲演是独特的、生活的东西，是为这群，而且是专为这群听众而做的。那么他如何在一场接一场的讲演中成功地维系着讲演者、讲演与听众间活泼愉快的关系的呢？"当我去一城或某一镇访问时"，他写道，"却是设法尽早抵达，以便去看看邮政局长、理发师傅、学校校长、牧师们等。然后进店去同人们交谈，了解一下他们的历史与他们拥有的发展机会。再后，我才去发表演说，对那些人谈论适用于他们的题材。"

康威尔博士明白，成功的沟通，有赖讲演者使他的讲演成为听众的一部分，并使听众也成为其讲演的一部分。由于康威尔博士聪敏、善于洞察人性，而又谨慎勤奋。因此，同一演讲不会说上两次，尽管他就相同的题材已对将近6000场的听众讲过。

这个故事启示我们：准备讲演时，脑海中一定要想着特定的听众。

一般来说，应当根据听众的兴趣来讲演，这样既可以有效地吸引听众，又可以使自己尽早地进入演讲的角色。康威尔博士就很注意这一点。他经常在自己的讲演中插入许多当地人的论述和实例。听众感兴趣，是因为他的谈话内容与他们有关、与他们的兴趣有关、与他们的问题有关。这种与听众最感兴趣的联系，也就是与听众本身的事物联系，就可把握听众的注意，并能保证沟通畅通无阻。

艾力克·钟斯顿曾任美国商会会长和电影协会会长，几乎在他的每一场讲演中都使用这种技巧。我们看他在俄克拉荷马大学的毕业典礼上，是多么机智地使自己很快就进入演讲角色，并使听众对演讲感兴趣。下面就是他的演讲："各位俄克拉荷马人，对于危言耸听的贩子们，你们再熟悉不过了。你们不必回想便会记起来。他们一向将俄克拉荷马州列于书本之外，以为他是永远绝望的冒险。在1930年，所有绝望的乌鸦都告诉其他的乌鸦们说：'最好避开俄克拉荷马人，除非自己携带口粮。'他们把俄克拉荷马的将来归为永恒不变的新美洲沙漠的一部分，认为永远不会再有东西开花的；但是到1940年，俄克拉荷马却成了花园地带以及人们举杯祝颂的对象。因为，这个地方再一次地有小麦的波浪起伏，散发清香。经过短短的十年之后，这个长久干旱的地带，遍地长满很高的玉米，这是信仰的结果，也是有计划冒险的结果。因此，我们观望自己的时代时，总是憧憬着未来。当我准备来访时，我曾去寻找档案里的《俄克拉荷马日报》，看看1901年的春天是怎样的。我想尝尝五十年前在本地的生活滋味。结果我发现了什么？我发现了当地人全都很重视俄克拉荷马的未来，他们都对未来充满了希望。"

如果说按照听众的兴趣来演讲，这便是个绝佳的例子。艾力克·钟斯顿采用的有计划的冒险事例，实际来自于听众。他让听众觉得，他的讲演不是油印出来的拷贝，而是新鲜的，是特别为他们准备的。讲演者依着听众的关切和兴趣而讲，听众是不会不去注意的。这样，就必然能够很快地进入演讲的角色。

在演讲时可以先问问自己:你所讲题材里的知识,能不能帮助听众解决问题,达到他们的目标?然后再开始说给他们听,这样就必然会引起他们的注意。如果你是个会计师,你的开场白可以这样说:"我现在要教你们如何可以省下55美元~100美元的退税。"如果你是律师,你可以告诉听众如何拟立遗嘱,这样你一定会赢得很多兴致勃勃的听众。

当然,在你个人的知识储备里,必然会有某个题目能对听众有所帮助。

许多人无法成为一名谈话好手,主要的原因是他们只会讲些他们自己感兴趣的事情。而这些事情却不是其他人感兴趣的。把这种过程逆转过来吧!引导其他人谈论他的兴趣、他的事业、他的成就。如果对方是位母亲的话,谈谈她的孩子们,这样,你专注聆听对方说,将会给予他们乐趣。你将被认为是一位很好的谈话对手,即使你说得很少。

使听众心悦诚服的演讲技巧

要改变一个人的思想观点可以说是世界上最困难的事情之一,然而演讲者又通常不得不对付这个棘手的问题。面对听众,那些精明的演讲者总能做到小心谨慎、毕恭毕敬。他们既能充分尊重听众的观点,又能巧妙而又有条不紊地照原定计划阐明自己的观点,打动听众,促使他们主动接受演讲，让他们心悦诚服。那么，演讲时该怎样运用这些技巧呢？

1. 有的放矢，迂回出击

当你的演讲有可能引起争议时，找准恰当的途径显得特别重要。途径不对头，就有可能导致听者的敌对情绪，不等你的话出口，你早已注定要立于失败的境地。路子选对了，你便能充分说服听者。这是一门最难掌握、也是最有价值的交际艺术。

首先，你应当了解你的听众。一般来说，演讲的听众可以粗略地划分为三大类型：有的听众与你持有相同的观点；有的听众犹豫不决、处在观望之中；有的与你的观点相对。那些同意你观点的听众，用不着你花力气去说服；那些犹豫不决的听众，有可能被你清楚明了、令人信服的演讲改变立场；你面临的真正挑战，无疑来自最后一类听众。因此，你必须开动脑筋，设法让这部分人放弃自己的观点，站到你这边来。然而，改变一个人的立场从来就是相当精细的工作。我们知道，谁都拥有自己引以为豪的观点。它们要么是经过多年的学习与经验积累而形成的，要么是拥有根深蒂固的情感根基。

我们小时候在母亲怀抱里学到的那些知识，会深深地扎根于我们的个性中。对于宗教、政治、民主及养儿育女等，大多数人都有自己独到的见解。同时，一些陈旧的观念，使得我们很难对许多问题都保持冷静而客观的看法，而在别人眼中它们看上去则像是一些偏见。但是，只要真正是我们自己的观点，我们就会认为它们是完全合理和令人满意的而抱住不放。正如溺爱孩子的父母不会轻易责备自己的小孩一样，我们对自己那些"珍贵"的观点也从来不会看不顺眼。

第五章
当众演讲的口才技巧

如果你直截了当地面对面攻击一个人所拥有的"珍贵"观点，他的反应与你批评他小孩的反应一样，只能是反感。他会对你表示愤慨，会全副武装保护自己，对付你说的每一句话。他不但不会放弃自己的观点，相反还会像溺爱小孩的父母那样把自己的小孩抱得更紧，更加坚定自己的立场。

由此看来，演讲前你必须充分分析你的听众，依据实际情况选择最佳途径。把演讲的重点放在那些犹豫不决、摇摆不定，尤其是与你意见相左的听众身上，做到有的放矢。同时，你还必须正确面对听众自己已有的观点，不可因为他们与你的观点不一而开门见山地对他们迎头痛击。

2. 先退后进，变守为攻

演讲时，特别是当你的观点处于不利的境地时，为了达到说服听众的目的，你不妨先有意识地退一步，肯定听众的观点有其合理性。然后，再获得听众信任的基础上再寻找机会，通过摆事实、讲道理等方法巧妙地提出你的观点，变退为进，化守为攻，从而有力地说服听众。在《裘利斯·恺撒》一剧中，戏剧大师莎士比亚为我们描述了一个极好的例子。

公元前44年3月15日，罗马统帅裘利斯·恺撒在元老院被罗马元老贵族刺杀，为首的是深受他信任的勃鲁托斯。作为主谋，勃鲁托斯做了恶人还先告状。他跑到街上公共讲坛上，大谈杀死恺撒的必要性，极力为自己开脱罪责。同时，又信誓旦旦地把自己装扮成正人君子的模样。听了勃鲁托斯的演讲，群情沸腾了，他们认为杀死恺撒是件大快人心的事，勃鲁托斯为民除害是英雄。请看此时玛克·安东尼是怎样说服听众让听众接受他的观点的。面对勃鲁托斯蛊惑人心的演说，面对群情激奋、不明真相的市民，安东尼心里清楚，在此时此地，他既不能马上歌颂恺撒，又不能一上讲坛就立即攻击勃鲁托斯。于是，他开场便说："我是来埋藏恺撒的，不是来赞美他的。"接着，他又开始赞扬勃鲁托斯，称他为"尊贵的勃鲁托斯""正人君子"。这样的话无疑适合当时的气氛，不会引起听众的反感而遭到他们的反对。然后，他抓住机会，有计划、有步骤地把市民的心拉向自己的一边。他说："现在我得到勃鲁托斯和另外几位的允许——因为勃鲁托斯是正人君子，他们也都是正人君子。特到这儿来，在恺撒的丧礼中说几句话。他是我的朋友，他对我是那么忠诚公正。然而，勃鲁托斯却说他是有野心的，而勃鲁托斯是一个正人君子。他曾经带许多俘虏回到罗马来，他们的赎金都充实了公家的财库，这可以说是野心者的行径吗？穷苦的人哀哭的时候，恺撒曾经为他们流泪，野心者是不应当这样仁慈的；然而勃鲁托斯却说他是有野心的，而勃鲁托斯却是一个正人君子。你们大家看见在卢柏克节的那天，我三次献给他一顶王冠，他三次都拒绝了，这难道是有野心吗？然而勃鲁托斯却说他是有野心的，而勃鲁托斯的的确确是一个正人君子……"

安东尼摆出一个一个的事实，来讴歌恺撒的丰功伟绩，一层一层地剥去勃鲁托斯身上的画皮。在场的市民开始为安东尼的话打动，觉得他说得有道理，认为恺撒死得冤枉。这时，安东尼不失时机地改变自己的被动地位，由守变为攻。他拿出一张羊皮纸，那是恺撒的遗嘱。在宣读遗嘱前，他走下讲坛，叫在场的市民围绕在恺撒的尸体四周。

他揭起恺撒尸体上的外套，把剑刺的洞孔指给大家看，当他指到勃鲁托斯刺的伤口时，他说："好一个心爱的勃鲁托斯、恺撒的安琪儿啊！这是最无情的一击！这是刺穿心脏的一剑！挨了这一剑，伟大的恺撒就蒙着脸倒下了！残酷的叛徒却在我们头上耀武扬威……"

安东尼的话音刚落，讲坛四周呼声四起，"烧掉勃鲁托斯的房子！"、"打倒阴谋者！"于是，安东尼开始宣读恺撒的遗嘱，对勃鲁托斯发出最后的一击："他给每一个罗马市民七十五德拉马克。而且，他还把台伯河这一边他的花圃和果园赠给你们，永远成为你们世袭的产业，供你们自由散步和游息之用。这样一个恺撒，几时才会有第二个同样的人？"市民们再也听不下去了。他们在市场上奔跑，抓起凳子、桌子，堆成了一座火葬柴堆。他们把恺撒的尸体放在上面，在柴堆上点着了火。当柴堆烧旺时，他们抽出燃烧着的木头，向阴谋者的房子冲去。这时，勃鲁托斯等阴谋者在得到警告后早就仓皇逃出城外。

安东尼的演说彻底征服了与他意见相左的听众。他的成功，与他演讲时运用了先退后进、变守为攻的技巧是分不开的。

3.因势利导，激发共鸣

要使听众心服口服，你在演讲时切不可违背听众的意愿，采取逼迫、甚至是威胁的手段要听众接受你的观点。你应当牢记在心的是，只有当你的观点能够引起听众感情共鸣时，你的观点才容易为听众所接受。

思想家、作家及诗人爱默生曾经讲述过的一个故事对演讲者来说是不无启迪的。

有一个身强体壮的男孩试图将一头牛赶往牲口棚。他用尽浑身力气推它，不停地用鞭子抽打它，大声吆喝它，然而牛站在那儿就是不肯动。一位挤牛奶的女工见状，走上前来。她深知牛的饮食习惯，她把一根手指伸进牛的嘴里，很顺利地将它牵到了牲口棚里。原来，她从牛的角度考虑问题，尽力让自己的行为符合它的习性，对它产生强大的吸引力。掌握了这一点，她想把牛牵到哪里，就能牵到哪里。

这则故事告诉我们，演讲时你应当设法使自己的观点吸引听众，激发他去同意你，而不是反对你的愿望。一旦你尊重了他的观点，那么你接着便可以渐渐地构筑你自己的观点。

那么，演讲时该怎样构筑你自己的观点呢？你应当让它对听众有感染力——正如放进牛口中的手指一样。听众接受你的演讲，是因为他觉得你的观点对他有价值，有帮助。而且，只要你能向听众表明你的思想开阔，尊重他的观点，能替他着想，你就能在听众中产生共鸣，并与他建立起一种融洽的关系。只有这样，他才会乐意让你"牵"着走并接受你的观点。做到了这一步，你便可顺利地开始向听众灌输你的观点。

4.权衡利弊，以理服人

要想征服听众，老练的演讲者知道不能急于求成。正如玛克·安东尼那样，他知道要耐心而谨慎地朝自己的目标前进，而不能感情用事。下面就让我们看看该怎样恰当运用这一技巧。

假设，你要发表一个演说，号召建立一所新学校。那些有小孩在上学的家长有望支持你，你最大的困难会来自那些没有小孩在上学的纳税者。他们要么是没有小孩；要么是小孩已长大成人，不用上学；要么是已把小孩送往了私立学校。

要使没有小孩上学的家长支持你，你所可能采取的办法之一是"划分阵营"，即把同意建校的人当成朋友，把不同意的当成对手，甚至是敌人看待。在现实生活中，当人们的意见不一时，这种可悲的做法又确实经常发生。在这条路上，到处是误解、怀疑、对抗和冲突，万一走向极端，它能像当年美国南北方在种族隔离问题上所产生冲突那样，给人留下深深的裂痕。如果你也实行"划分阵营"的方法，冲突定会发生。朋友可能会和朋友吵；各种组织也可能会相互指责。当然，有小孩上学的父母有可能会投你一票，但是你却似乎不大可能再得到其他人的支持。毫无疑问，这是一条死路。

现在，让我们试一试另一条路子，即权衡利弊，以理服人。我们可以通过分析建校的利与弊、得与失，对不同意建校的纳税者晓以利害，让他们改变立场，拥护你。

我们知道，一旦你提出了建校的主张，所有的投票者便会有意识或无意识地在心里掂量。在天平的一端，是改善受教育的机会；在天平的另一端，是纳税。对于我们中的任何人来说，纳税本来就是件令人头痛的事，因此，我们不会太乐意把砝码加在改善教育机会的一端。然而，我们中的每一个人也都希望我们的后代能接受良好的教育，对有的人来说这尤其重要。因此，尽管不少人会把砝码放在纳税的一头，但是经过权衡和比较，绝大多数人还是会倾向于改善教育机会。这样，我们真正的挑战便是如何才能增加改善教育机会一端的重量。演讲时，重点目标应放在那些不同意建校的人的身上，在对他们表示理解的同时，着重向他们阐明建校的紧迫性和必要性，逐渐引导他们支持你。例如，你可以说："要是你走进现在的学校去看一看，展现在你眼前的将是怎样一幅景象呢？教室拥挤、体育馆人满为患、实验室里设备简陋……建立一所新的学校已刻不容缓，因为我们都希望我们的子女受到最好的教育……"

还需要强调的是，只有当你真正相信你自己的观点时，你才能谈得上真正去说服你的听众。而且，除非你真正感到你的演讲对听众有用，否则你不可能真正使你的观点吸引听众；除非你能真正充分意识到任何问题都有对立面，任何通情达理的人都会选择其中的一面，否则你不可能真正说服你的听众；除非你真正心胸开阔，无偏见，否则你不可能真正说服你的听众；除非，你的情感是真正诚挚的，你的演讲引发了听众的共鸣，否则，你就不可能真正说服你的听众。

灵活采用不同的句式

作为主要以有声语言来达意抒情的演讲语言，不仅要求准确精练、通俗易懂、生动形象，还十分讲究节奏韵律之美。精彩的演讲，其语言形式虽不同于诗文，但其表现出的音韵美，却如和谐的乐曲一样，有着动人的魅力，完全可以和诗文一争高低。

怎样才能使演讲语言收到音韵美的效果呢？俗话说："一句话，百样说。"其方法很多，但最主要、也最易掌握的，还是句式的调换和搭配。下面分析一些著名演讲家的演讲词，从中不难看出：采用不同的句式，可以收到不同的音韵美效果。

1. 句式整齐匀称美

句式整齐是指使用整句,即整齐的对偶句、排比句等。这种句式结构相同或相似,音节匀称,讲起来富有节奏感,听起来悦耳。

马丁·路德·金于1963年8月23日在华盛顿林肯纪念堂发表的著名演讲《我有一个梦想》中讲道:"……然而,一百年后的今天,我们必须正视黑人还没有得到自由这一悲惨的事实。一百年后的今天,在种族隔离的镣铐和种族歧视的枷锁下,黑人的生活备受压迫。一百年后的今天,黑人仍生活在物质充裕的海洋中一个穷困的孤岛上。一百年后的今天,黑人仍然畏缩在美国社会的角落里,并且意识到自己是故土家园中的流亡者。今天我们在这里集会,就是要把这种骇人听闻的情况公之于众。"……我们来到这个圣地也是为了提醒美国,现在是非常急迫的时刻。现在绝非侈谈冷静下来或服用渐进主义的镇静剂的时候;现在是实现民主的诺言的时候;现在是从种族隔离的荒凉阴暗的深谷攀登种族平等的光明大道的时候;现在是向上帝所有的儿女开放机会之门的时候;现在是把我们的国家从种族不平等的流沙中拯救出来,置于兄弟情谊的磐石上的时候。"

这段话用排比句,表达演讲者丰富的思想内涵,并使表达的内容波澜起伏、气势雄伟,具有清晰的层次感;在表现形式上,也显得优美和谐,具有很强的韵律感。不仅给人以美的享受,而且可以使听众更好地了解演讲的主旨。

2. 整散结合错落美

不同的句式有不同的表达功能。整句匀称,排列工整,讲起来朗朗上口,听起来赏心悦耳;散句自由,结构灵活,讲起来不受束缚,听起来亲切自然。但是如果整个演讲都用整句，或一"散"到底，都会显得单调呆板、枯燥乏味，都不会收到好的效果。反之，如果把整句和散句结合起来交错使用，灵活搭配，就会使语言的韵律、节奏变化多姿，产生一种"大珠小珠落玉盘"的整齐错落美。

比如，抒情散文《土地的誓言》的句式，就是以整齐为主，掺用了一些散句。整散结合、长短相间的句式与文章内在的起伏感情相应。文章的开篇写道："对于广大的关东原野，我心里怀着炽痛的爱。我无时无刻不听见她呼唤我的名字，我无时无刻不听见她召唤我回去。"首句是散句，铿锵有力，直接诉说心中对关东原野热烈的爱。第二句句式整齐，感情更深沉，描述故乡母亲般的呼唤。散整句式的变换与抒情角度的变化相称，显得非常和谐与匹配。

在演讲中把整散句式巧妙搭配，参差变化，既防止了行文呆板，又不致使语言"漫坡放羊"过于松散。听这样的演讲，犹如听弹奏《十面埋伏》，其韵律起伏跌宕，节奏错落有致。

3. 长短相间参差美

在演讲中，一般不宜使用长句。因为长句词数多、结构复杂，如果掌握不好，不仅讲起来费劲，还容易使语意支离破碎，听众也不易把握和理解。然而长句也有长句的好处，它容易把内容表达得周详而充实，把各种关系表达得准确而严密。如果根据演讲内容的需要，在短句中恰当地夹上一两个长句，既可以使内容表达得具体、感情表达得充沛，又可以形成音韵的参差美。

比如，仍以马丁·路德·金的演讲为例："我梦想有一天，这个国家会站立起来，真正实现其信条的真谛：'我们认为这些真理是不言而喻的,人人生而平等。'我梦想有一天,在佐治亚的红山上,昔日奴隶的儿子将能够和昔日奴隶主的儿子坐在一起,共叙兄弟情谊。我梦想有一天,甚至连密西西比州这个正义匿迹,压迫成风,如同沙漠般的地方,也将变成自由和正义的绿洲。我梦想有一天,我的四个孩子将在一个不是以他们的肤色,而是以他们的品格优劣来评价他们的国度里生活。……我梦想有一天,幽谷上升,高山下降;坎坷曲折之路成坦途,圣光披露,满照人间。"

这段话读起来节奏明快,朗朗上口,容易引起听众的兴趣,抓住听众的心。

4. 有问有答抑扬美

在演讲中,为了更好地表达自己的观点和思想,引起听众的注意,演讲者常使用有问有答的设问句式。

比如,丘吉尔在《热血,辛劳,眼泪和汗水》的演讲有这样一段:"你们问:我们的政策是什么?我说,我们的政策就是用我们的全部力量,在海上、陆地和空中进行战争,同一个在人类黑暗悲惨的罪恶史上所从未有过的、穷凶极恶的暴政进行战争。这就是我们的政策。"

这段演讲词用的就是问答句式,不仅显出了层次、强化了语意,还造成了音韵上的抑扬美。问句简单,语气平淡,语势呈"抑",音韵显"扬";"答"的部分正相反,具体细致的问答,使语势高"扬",音韵呼应问句的"扬"为之一"抑",讲起来声调形成了高低升降、抑扬顿挫之势,构成了演讲语言的音乐美,增加了语言的艺术性和吸引力。

5. 先略后详层递美

在一些著名的演讲词中，还有一种先略后详的句式，即对一种意思分层表达，先略叙主干，接着再用详述进行内容的补充强调，使语意由浅入深，而使音律和节奏形成一种由简到繁、由弱到强的层递美。

比如，雨果在《巴尔扎克葬词》中说道："他的全部的书仅仅形成了一本书，一本有生命的、有光亮的、深刻的书。"丘吉尔在《关于希特勒入侵苏联的广播演说》中说："我们只有一个目标，一个唯一的、不可变更的目标。"

以上两例，前面的是简单叙述，意思单薄，语词一般。作为后补部分的详述，内容充实详尽，语气强烈，给听众一种美的享受。

6. 句式回环反复美

"回环"句式是指运用相同的词语或句子形成的循环往复的语言形式。在《老子》中就有"知者不言，言者不知"、"知者不博，博者不知"、"信言不美，美言不信"、"善者不辩，辩者不善"等充满辩证法的回环句。运用回环，可以在叙事、摹景、议论、抒情时，巧妙地表述事物之间的辩证关系，可以使话语新颖奇妙，充溢着机智和雅趣。

毛泽东就非常善用回环句式。比如，在《中国革命战争的战略问题》中，他写道："指挥员正确的部署来源于正确的决心，正确的决心来源于正确的判断，正确的判断来源于周到的和必要的侦察和对于各种侦察材料的连贯起来的思索。"在《论持久战》中，他写道："政治越能改进，抗战越能坚持；抗战越能坚持，政治越能改进。"

前一例是一种首尾相连、上递下接，且用相同词语衔接的"顶真"

句式，似反复又不同于反复，读起来有一种如链条般的环环相扣、翠屏重叠的美感。而后一例不仅首尾相连，还构成了一种封闭型的圆环式。使韵律旋转回环，听起来给人一种比"顶真"更为新鲜、奇巧的反复美。

总之，根据演讲内容的特点，调动起一切不同的句型，巧妙搭配，不但可以使演讲者言之上口，使听众听之顺耳，而且可以更好地抒情广义、壮势美文，增强表达效果。

讲好故事，扣住听众的心弦

在演讲中，适时插入一个好故事，更能引起听众的兴趣。

讲故事，有五个要素——何时、何地、何人、何事、何故。每一个故事都应该包括这五项内容，才算表达清楚。何时的表述要注意开门见山，警示性地引起听众注意；何地的表述要尽快地进入场景，这样才会突出你想表达的主题；何人的表述要有名有姓，有名有姓才显得真实，也方便听众理清思路；何事的表述应注意具体化，描述细节化；何故的表述相对不太重要，是对听众的一个心理释放。

讲故事，最重要的是对何事的讲解，换句话说也就是重现场景。而重现场景的一个技巧就是注重细节，表述要具体，这样才能使听众以一个一致性的画面进入情节，限制听众的随意思考。为此，在讲故事的时候，要注意如下几点：

1. 不要用模糊的概念

"可能是甲，可能是乙""好像是 1988 年"等句子，模糊的概念可能会转移听众的一部分注意力，也会使你故事的真实性显得有点下降。相比之下，直接确定为甲，或是直接说是 1988 年，故事则显得更有说服力。

2. 不要用解释性的语言，尽量使用描述性的语言

在描述故事的天气时，如果你说"那天因为天气很热，所以我穿得很少"，就不如"那天天气太热，我只穿了个裤衩"；"因为台子有八米高，所以我站在上面发抖"，也不如"我站在八米高的台子上，双腿发抖"——这样不会使人的思维走岔路。

3. 讲故事时，不要有谦虚的开场白

这样无疑会打击听众的信心，认为从你的讲话中学不到什么东西。而且如果你自己连这个自信都没有，你又如何让听众有这个自信？一般情况下，一个说话啰嗦的人往往是讲半天话还在兜圈子，这时听众已经听烦了，大量的圈外活动使听众的心理期待数次落空。这时，你的讲话就很难达到预期的效果。

4. 把握好第一句

在讲故事之前，第一句话的语音语调语速是非常关键的。如果第一句话较有力，那么首先会吸引听众的注意力，再者下面的故事陈述就会流畅得多。所以，在讲话之前，要吸一口气，稳一下自己的心神，然后再开始，不要慌慌张张地开始。

5. 尽量用生动的事实进行描述

在讲一个事情或心理的效果时，尽量使用事实来侧面反衬，这样

给听众的印象是生动的、形象的、记忆深刻的。比如描述害怕，说事后发现衣服湿透了，则更加逼真。

6.避免使用抽象化的语言

如果你想陈述你的学习成绩，如果你说你"总是优秀"，就是一个笼统概念；你要说，你考试成绩"不是第一，就是第二"，就会取得更好的效果。

7.运用恰当的比喻

一个恰当的比喻，可以省略你十分钟的描述，如"长得像卓别林"，下面关于长相的话就不用说了，人物也活了。

8.尽量把故事讲得一波三折

一位女副市长，在给市政机关女同胞做"构建温馨和谐的家庭"的演讲中，讲了一则《贤惠的妻子与马虎的丈夫》的故事：丈夫上街，妻子叫他回来时别忘了买袋盐回家，丈夫满口答应后就匆匆地走了。好抽烟的丈夫一来到商场，尽看五花八门的香烟。一位年轻的女售货员笑吟吟地对他说："先生，别忘了买袋盐带回家。"这位丈夫觉得好生奇怪，怎么不叫我买烟，却替卖盐的吆喝生意？不过，他还是很感谢她的提醒，不然，他真的把买盐的事忘了。他夹着烟在商场里穿行，突然，一位老太太在他后背轻轻一拍："年轻人，别忘了买袋盐带回家。""老人家，你怎么知道我要买盐？"他刚才就已经觉得蹊跷，现在终于忍不住想问个明白。老太太一指他的后背："瞧，你的背上不是贴着纸条，上面写着呢！"他脱下衣服一看，原来，妻子在他的背上贴了张纸条，上面写着："好心人，请提醒我的丈夫买袋盐带回家！"

这个故事不长，但讲的过程却悬念迭起，让听众疑窦丛生：两位素不相识的人。怎么知道提醒"丈夫"要买盐？心急火燎地要听下去。待到"谜底"揭开，原来如此，你不能不"扑哧"笑出声来。

这种叙事的方法是：前面不动声色、从容自如地铺垫、渲染，讲到结尾处，一个意想不到的情节让你开怀解疑，出乎意料，又在情理之中。这种叙事安排，如同中国传统相声的"三番四抖"的艺术，即一而再、再而三地将悬念推出来，产生"包袱"，最后一抖落，响亮响亮的，听众的笑声已经情不自禁地迸发出来了。在笑声中，听众自然而然地感悟到故事里妻子的贤惠、丈夫的"可爱"、路人的善良了。

从这位演讲者讲的故事中，我们可以领悟到：演讲叙事做到一波三折，方能扣人心弦。如果平铺直叙、记流水账的话，这个故事可以这样讲：丈夫上街，妻子叮嘱他买盐。怕他忘记，特意在他背上贴上写有"好心人，请提醒我丈夫买袋盐带回家！"的纸条。在商场里，爱抽烟的丈夫忘了买盐，年轻的女售货员提醒他，一位老太太又提醒他。如果演讲时这样去叙事，没有铺垫、没有悬念、没有波澜，当然扣不住听众的心弦了。

演讲不是说相声，但演讲叙事的一波三折同相声的抖包袱，道理是相通的。希望演讲的朋友们向侯宝林、马三立、马季、姜昆这些相声大师们学习，把他们"抖包袱"的技巧恰当地运用到演讲叙事中去，使我们的演讲更加精彩动人。

演说千万不能虎头蛇尾

1883年,马克思逝世,恩格斯发表了著名的题为《在马克思墓前的讲话》的演讲:"3月14日下午两点三刻,当代最伟大的思想家停止思想了。让他一个人留在房里总共不过两分钟,等我们再进去的时候,便发现他在安乐椅上静静地睡着了,但已经是永远地睡着了。这个人的逝世对于欧美战斗着的无产阶级、对于历史科学,都是不可估量的损失。这位巨人逝世以后形成的空白,在不久的将来就会使人感觉到。"

恩格斯的开场白以简洁的语言交代了演讲的中心论点:马克思的逝世是无产阶级不可估量的损失。开宗明义式开场白适合较为正规、庄重的演讲场合,它要求演讲者具有较强的概括能力。

1. 开端——别开生面,引人入胜

良好的开端等于成功的一半。尽管演讲开端的方式众多,但作为一段精彩的开场白,在形式和内容上都要新颖、出奇,方能制胜。只有紧紧扣住听众的心弦、说出他们的心声,才能引起共鸣。

一次,李燕杰去首都一家大医院演讲,开端就朗诵了他创作的一首诗:"每当我忆起那病中的时光,白衣战士就引起我深情的遐想。他们那人格的诗、心灵的美,还有那圣洁的光,给了我顽强生活的信心,增添了我前进的力量!"随着朗诵的进行,看书的人逐渐抬起头来、说话的人逐渐安静了、来回走动的人不约而同停了下来。当朗诵完最后一个字时,全场响起了热烈的掌声。

2. 中间——推波助澜，掀起高潮

一次成功的演讲，中间部分一定是曲折起伏，时而低沉、时而高亢。而作为精彩的段落，必定是叙事的最生动处、抒情的最激昂处、说理的最深刻处。

美国总统罗斯福在日本人偷袭珍珠港的第二天，面对群情激昂的国会议员，在宣布对日宣战前的演讲中，连续运用七个"昨天"，历数日本人对夏威夷群岛、马来西亚、香港、关岛、菲律宾、威克岛、中途岛的大举进攻，说明美国已处于严峻的形势中。所有的听众热血沸腾，一致赞成即日起对日宣战。一篇演讲若未能有意识地掀起听众两三次情感的波澜，就不能有力地论证中心，也不能有效地集中听众的注意力。

3. 结尾——卒章显志，耐人寻味

就演讲的全过程看，结尾，并不意味着话说完了，而常常是情感发展的最高峰、论证过程的最后结果。因此对最后一段的表达效果，稍一疏忽，就会前功尽弃、功亏一篑。

民主战士闻一多《最后一次的讲演》结尾是这样的："反动派，你看见一个倒下去，可也看得见千百个继起的！正义是杀不完的，因为真理永远存在！……我们不怕死，我们有牺牲的精神！我们随时像李先生一样，前脚跨出大门，后脚就不准备再跨进大门！"义正词严、掷地有声。巴金在《我和文学》的演讲中用发自肺腑的语言饱含深情地说道："我快要走到生命的尽头了。我不愿意空着手离开人世，我要写，我绝不停止我的笔……"可谓皓首童心话文学，情真意切诉衷肠，催人以思索、给人以美感。

演讲时应避免的错误

卡腾波恩先生是美国资深的新闻评论家,他在哈佛大学当学生时,曾参加过一项演讲竞赛。他选了一则短篇故事,题为"先生们,国王"。他把这篇故事逐字背诵,并预讲了许多次。但在比赛那天,他说出了题目"先生们,国王"之后,脑子里就一片空白,什么也说不出来了。他顿时不知所措,但在绝望之下,他开始用自己的话来说故事。当评审把第一名的奖章颁给他的时候,他真是吃惊极了。从那天起,卡腾波恩先生便不再死背讲稿,只是把演讲稿的提示稿写得清晰明了,然后自然地对听众说话,那是他广播事业成功的秘诀所在。

众所周知,错误能使人变得聪明,更聪明的人则能够从别人的错误中学到很多东西。下面列举的是十种演讲中常见的错误,在以后的演讲中,希望聪明的你能够吸取前车之鉴,避免这些错误。

1．过分依赖视觉教具的帮助

不要在幻灯片上写太多文字。你是在传递信息,而不是在对听众进行视力检查。在模板中应使用较少行的文字。

2．不利用视觉教具排练

如果决定使用视觉教具,就要花时间研究一下,确保你能够顺利地使用它们。

3．忽略听众的兴趣所在

假如听众对你选择的话题不感兴趣,演讲便很难成功。

4．忘记检查房间

忘记检查房间可能导致很多状况。比如找不到幻灯及电源插座、听众的座位被安排成教室的风格……一个很糟糕的房间会将一场很好的演讲变成一场灾难。

5．以一个不合适的笑话作为开场白

如果你的笑话格调不高、不能阐明一个观点，最好不要以此向听众展示你的幽默。

6．演讲的时间过长

不要超出分配给你的时间，听众会对你的超时耿耿于怀。

7．欺骗

在演讲者的词典里最具有效力的三个字是"不知道"。不要害怕使用这三个字，与普遍想法相反，这三个字不会降低听众对你的信任度，实际上只会增加对你的信任。

听众向你提问，如果你不会，要勇敢地承认。你可以询问在场的听众，谁能回答这个问题，或者会后去找答案，再将答案反馈给这位听众。

8．埋头于演讲稿而不注视听众

当你演讲时，听众很想看到你的脸，特别是你的眼睛。当你与听众建立目光交流的时候，听众会非常投入。所以，尽量将演讲的提示稿写得简练易读，多将目光投向听众。

9．试图做你不擅长的事情

演讲并不需要你采用很正式的风格、使用一些意义深远的词语。如果你的讲话风格很正式的话，就没关系了。如果不是这样的话，你的演讲听起来就会很做作。自然一点,就像和朋友交谈一样去演讲。

10. 试图将每件事情都包含在演讲中

你的演讲时间结束了,你的演讲也就随之结束了。在你准备演讲时,设想一下如果时间要求很严格,你将会删除哪一部分。但是千万不要将结尾删去,这会引发重要的问题。

第六章　拒绝的口才技巧

拒绝的话之所以难说出口，主要是因为怕伤了对方的面子，但该说不的时候还是要说。只不过，在拒绝别人的时候应该注意维护对方的颜面，让对方非常体面地接受拒绝，对方不但不会忌恨或尴尬，还会因此对自己更加信服。

第六章
拒绝的口才技巧

拒绝之前先想好理由

在社会交往中,谁都避免不了拒绝他人,但是我们应该怎样做,既可以成功拒绝对方,又可以避免双方的尴尬呢?找一个合理的借口很重要。

拒绝容易引起对方的不快,但是对于别人对我们提出的要求,有时我们必须加以拒绝。那么,怎样才能把这种因拒绝而可能引起的不快控制在最低限度呢?这就需要我们在拒绝别人的时候,先为自己想好借口,既能为自己开脱,也不会让别人难堪。

正阳在一家电器商场工作。这天,他的一位朋友过来买电视机。可是,朋友看遍了店里摆放的所有样品,也没有找到让自己满意的型号。最后,朋友要求正阳带他到仓库里去找找看。正阳面对朋友,当然说不出拒绝的话,可这个"不"字如何也出不了口。

于是,他笑着对朋友说:"真是不巧,临近年关,仓库管理非常严格,前几天我们经理刚宣布过,除了仓库管理人员,其他人一律不准进仓库,包括我们这些销售员。"朋友一听，也不好意思再说什么了。

在这个故事里，正阳以公司的规定为借口而达到了拒绝的目的，尽管他的朋友心中不高兴，但毕竟比直接听到"不行"的回答要好多了。

拒绝是每个人生活中所无法避免的，但如果不采用合适的方法或相应的技巧拒绝，就可能会给对方造成伤害，甚至引发怨恨和不满，最终导致人际关系破裂，让自己陷入被动的麻烦境地中。就算没有闹到很严重的地步，也可能因拒绝而使对方不愉快，长时间耿耿于怀、难以忘记。

其实，你在拒绝他人之前，可以找一个适当的借口。这样既可以成功拒绝对方，又可以避免双方的尴尬。一般来说，你可以通过以下借口来拒绝他人。

1. 用制度借口来拒绝

一位普通员工鼓起勇气走进经理办公室说："对不起，我想您该给我涨工资了……"经理回答道："你确实应该涨工资了，可是……"经理指着玻璃板下的一张印刷卡不慌不忙地说，"根据本公司职务工资制度，你的工资已经是你这一档中最高的了。"员工听完就泄气了，说："哎，我忘记我的工资级别了！"于是就退了出来，几条打印出的制度使他放弃了自己本想争取的东西。

2. 用开玩笑的方式来拒绝

用开玩笑的方式来拒绝对方，通常既能达到目的，又不至于让双方感到尴尬，是一种很好的拒绝技巧。比如，你若是个女孩子，男朋友邀请你"上门"，你觉得时机尚未成熟，不可盲目造访。这时你不妨问:"到你那儿有什么好吃的吗?"你的男友会列出几样东西来,于是你接着说:"没好吃的,我不去。"这是巧妙的玩笑,不仅拒绝了对方的请求,还可避免回答"为何不去"。真可谓一箭双雕!

3.拒绝于感叹之中

一个女孩子过生日,男朋友送她一套衣服,但女孩子不喜欢。当男朋友问:"喜欢吗?"女孩子若直截了当地回答:"不喜欢,土里土气,像什么样!"男朋友一定会觉得很伤心。如果女孩子说:"要是素雅些就更好了,我比较喜欢浅色的!"意思是说你买的也不错,不过如果素雅些就更好了。

4.用商量的口气拒绝

也许你的恋人希望你们一同参加某个朋友的聚会,可你觉得目前不便或不妥,这时你不妨用商量的口气说:"我现在没时间,以后行吗?"自然,恋人这时候的邀请有着特殊的意义,等到以后还有什么意思呢?可你如果找到这样的借口,对方也就不好再勉强了。

5.用"改天"或"下次"来拒绝

用"改天"或"下次"来拒绝,聪明人一听就知道这是在委婉地拒绝,但这比直接说"我没空、不能去"更容易让对方接受。比如,你若不想参加某个约会,可以礼貌地对对方说:"谢谢,下次有空我一定去。"

若有人想找你谈话,你又不想与他谈,你不妨看看表,告诉他:"对不起,我还要参加个会,改天行吗?"表面上,你并没有拒绝别人,只是改个日期,但这个"下次"却是没有具体时间限制的。

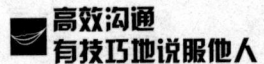

巧妙转移话题，拒绝对方要求

当你不愿答应别人向你所求的事情时，可用巧妙转换话题的方法，让对方处于被动的地位，从而改变对方的意图，达到拒绝的目的。

转换话题，是一种非常有效的拒绝方法，它能够转移别人的注意力，避免引起正面冲突，很好地维护双方的面子。在日本有这样一个故事，很能给人启发：

一位名叫宫一郎的青年去拜访广源先生，打算将一块地产卖给他。

广源听完宫一郎的陈述后，并没有给出"买"或者"不买"的直接回答，而是在桌子上随手拿起一些类似纤维的东西给宫一郎看，并说："你知道这是什么东西吗？"他似乎忘记了宫一郎上门的目的。

"不知道。"宫一郎回答。

"这是一种新发明的材料，我打算用它来做一种汽车的外壳。"广源详细地向宫一郎讲述了一遍。

广源先生一讲就是半个多小时，描述了这种新型汽车制造材料的来历和好处，又详细地讲了他明年的汽车生产计划。广源讲的这些内容宫一郎一点也听不懂，尽管广源的情绪很激动，但宫一郎却再也听不下去了，他以有事向广源告辞。广源礼貌地送宫一郎离开时，他还遗憾地说了一句："关于这种新材料，我还有很多想法，希望下次有机会能与你多聊聊。"

广源的高明之处就在于他并没有直接回绝宫一郎。如果那样，宫一郎就一定会滔滔不绝地劝说他买那块地。而广源采取了故意回避的态度，装作好像根本没听懂宫一郎的话，没有给他劝说的时间，而是一直在谈与买地无关的话题,直到对方听不下去主动要求离开。

试想一下,如果广源先生刚开始就告诉宫一郎自己不想买那块地,那么势必要引起一场说服与反说服的争论。而广源先生并不想进行这样的论辩,以免伤了双方的和气,于是巧妙地转移了话题,从而成功地拒绝了对方的销售要求。

很多时候,使用转移话题的方法需要把话题转移到对方身上,有时需要把话题引导到不着边际的地方,关键看你所应对的事情和人物,以及你所要达到的目的。如果你是想拖延时间、迂回地拒绝,当然最好是把话题引到毫不相干的地方;如果你是想让对方知难而退,那就需要将话题巧妙地转移到对方身上。

把握拒绝的时机和场合

现实生活中,如果是朋友请你帮忙,你在拒绝时,除了要有充分的理由之外,还必须注意拒绝的时机和场合。从时机来说,拒绝要趁早,切忌不可一味拖延。

小姗逛街时,偶遇一位大姐,对方是小姗从前的邻居,大姐拉着小姗的手问长问短,然后像发现了新大陆似的,指着她的脸说:"年纪轻轻的,可不能光为了赚钱,忽略了对皮肤的保养。看你啊,眼角都有皱纹了,皮肤也没有光泽……"大姐的一番话,让小姗感觉脸上火烧火燎的,恨不能一头扎进美容院,来个脱胎换骨。这时,大姐变魔术似的拿出一沓资料，笑眯眯地说："不如试试这个产品，效果特别好，现在搞活动，价格也优惠不少呢！"再看看递过来的名片，小姗明白过来，原来这位大姐在搞化妆品推销。小姗本来对这些东西没兴趣，但碍于老邻居的面子，只好接过来，说要拿回去好好看看。回到家，小姗把资料扔到一边，根本没放在心上。不料，第二天，这位大姐竟拿着两张碟片找到小姗的公司，小姗只好硬着头皮接下来。又过了几天，大姐再次打来电话问："怎么样，选好了吗？"说实话，小姗根本没时间看碟片，花几千元买套化妆品，她的经济实力也负担不起。后来，她实在挨不过大姐的催促，只好说："不好意思，我决定暂时不买。"结果这位大姐第二天就一脸阴沉地过来把碟片拿走了，好像小姗欠了她一大笔钱似的。

  通常而言，拒绝的时间，一般是早拒比晚拒好，因为及早拒绝，可以让对方抓住时机争取别的出路。而无目的的拖拉，则是一种不负责任的态度。小姗在这件事上考虑到面子，没有及时拒绝，但后来却影响了自己与老邻居的关系。所以，在向熟人表示拒绝时一定要趁早。一味拖延，反而使事情更糟，会让对方觉得你连最基本的礼节都不懂。

  很多人在拒绝对方的时候，因为感到不好意思，而不敢据实言明、支支吾吾，这样而会使对方摸不清自己的真正意思，而产生许多不必要的误会。其实，在人际关系的交往上，不得不拒绝，是常有的事情。因此搞坏交情的并不多，倒是有些人说话语意暧昧、模棱两可，容易引起对方误会，甚至导致关系破裂。

  当然，不管你怎样"委婉"地及早拒绝，对方遭到拒绝总归是不愉快的。那么怎样才能使对方的这种不愉快减少到最低限度，或者反而使双方的关系更进一步呢？这就要求你的态度要诚恳，不要在公共场合当着其他人的面拒绝人。

拒绝他人的时候，一定要考虑周全，让对方不会过于难堪。切不可不管不顾，在众人的面前直接拒绝对方的好意，这样会使对方伤得很深。尤其是拒绝熟人时，从时间来说最好趁早；从场合上来说，最好没有第三人在场，这样就可以顾及被拒绝人的颜面和自尊，将伤害降到最低。

妙用缓兵之计拒绝别人

在人际交往中，如果有些要求无法做到又不便直接拒绝，就采取缓一缓，拖一拖的方式来处理。有很多时候出于各种原因，我们不能过于直接地拒绝他人的要求。除了婉转地让拒绝容易接受外，你不妨先答应下来，然后再用反悔的方式给他一个交代。

日常生活和工作中，缓兵之计的用处有很多。比如说遇到有人向我们提出一些要求，但是我们没法办到，又因为碍于面子，或对方来头不小，不能过于直接地拒绝，这时就需要使用缓兵之计先答应下来，然后再做打算。

有位经理正在和一位新客户谈业务，这时突然一位老客户打来电话说要撤销他们以前答应的购买许诺。

在这种情况下，这位经理就面临着双重压力，一方面要从老客户那儿挽回败局，另一方面又不能在新客户面前泄露失单的信息。面对这种局面，如果他惊慌失措，拿着电话对老客户一阵大叫大嚷，斥责对方言而无信，结果只会是既留不住老客户，又会吓跑新客户，导致鸡飞蛋打的结局。这位经理非常聪明，他很客气地对那位老客户说："没关系，不过，我现在正在和一位朋友谈一件非常重要的事，我们明天再详细谈一谈，您说如何？"听经理这样说，老客户就没有在电话中继续纠缠，而是答应了他的请求。经理使用缓兵之计获得了一个谈判机会，从而维持了原有交易。新客户也很高兴，因为他觉得经理很重视他，新客户当场就与这位经理签了单。

　　由此可见，在面临紧急情况时，缓兵之计不失为一种理智而聪明的做法。在人际交往中，如果有些要求无法做到又不便直接拒绝，就采取缓一缓、拖一拖的方式来处理。但是，这种方法不宜常用，只能偶尔作为应急之法。倘若经常为之，定会露出破绽，遭人指责。

用"错答"的方法巧妙拒绝

　　错答是一种机警的口语表达技巧，既可用于严肃的交际场合，也可用于日常交际场合。错答的主要特点是不正面回答问话，也不是唇齿相讥，而是用话岔开对方所问的问题，做出与问话意思错位的回答。

　　有一位美丽的姑娘独自坐在酒吧里，从她的穿着来看，她一定来自一个富裕的家庭。其实这位姑娘在等一个好朋友，在没有见到朋友之前，她只想静静地一个人待着，可是一个又一个的男人前来与她搭讪。这位姑娘实在不想被打扰，但朋友还是没到。这时，又有一位青年男子走过来殷勤地问道:"这儿有人坐吗?"

"你说到哪个酒店去?我没听清楚。"姑娘大声说。

"不,不,你弄错了。我只是问这儿有其他人坐吗?"

"今夜就去?"姑娘尖声叫着,比刚才更激动。

这位青年男子被她弄得狼狈极了,赶紧到另一张桌子去了。许多顾客愤慨而轻蔑地看着他。

这就是很典型的错答,是用来排斥对方和躲闪的交际手段:当别人想邀请你做一件你不想做的事,你可以采取答非所问的方式,巧妙地暗示对方,你对他的邀请不感兴趣,他就会知趣而退。

装傻并不是真傻,而恰恰是一种高明的阴柔之道,它真正体现的是你的聪明与灵活。大致说来,运用答非所问的语言技巧时,需要注意以下几点:

(1)要注意对象和场合;

(2)使对方明白既是回答又不是回答,潜在语是不欢迎对方的问话;

(3)有时要利用问话的含混意思,答案虽模棱两可、似是而非,但对方也无法责怪你。

别不好意思,勇敢把"不"说出来

当我们想拒绝别人时,心里总是想:"不,不行,不能这样做,不能答应!"可是,嘴上却含糊不清地说:"这个……好吧……可是……"

这种口不应心的做法，一方面是怕得罪人；另一方面，过于直率地拒绝也不利于待人接物。

在生活中，对于我们大多数人来说，张口拒绝别人是一件很棘手的事情。面对别人的请求，我们大都担心拒绝对方会使其感情受到伤害而迟迟不愿张口，但不拒绝又会使自己处于两难境地。对方提出的事情或许相对于自己有难度，又或许会因此造成自己不小的损失。

相信许多人都会因此而苦恼不已。怎么能让自己的措辞既能清晰地表达意思，又不会伤及他人的情感和自尊，甚至即使在拒绝他人时都能让对方愉悦地接受，这也是一门高深的学问。

三国时期的华歆在孙权手下时，名声很大。曹操知道后，便请皇帝下诏召华歆觐见。华歆启程的时候，亲朋好友千余人前来相送，赠送了他几百两黄金和礼物。华歆不想接受这些礼物，但是如果当面谢绝肯定会使朋友们扫兴，伤害朋友之间的感情。于是他便暂时来者不拒，将礼物统统收下来，并在所收的礼物上偷偷记下送礼人的名字，以备到时原物奉还。

华歆设宴款待众多亲友，酒宴即将结束的时候，华歆站起来对朋友们说："我本来不想拒绝各位的好意，却没想到收到这么多的礼物。但是，匹夫无罪，怀璧其罪。想我坐车远行，有这么多贵重之物在身，诸位想想我是否有点太危险了呢？"朋友们听出了华歆的意思，知道他不想收受礼物，又不好明说，使大家都没面子。他们内心里对华歆的敬意油然而生，便各自取回了自己的东西。

华歆在拒绝朋友时，并没有直言拒绝，而是找了一个这些物品会造成自己人身安全的困扰的理由。纵然大家都很清楚他故意推辞，却不会以此为意,因为他给了大家收回礼物的台阶——那是朋友出于对他的爱护才收回去的。这样一来,既不伤害彼此间的感情,又让众人无言可辩、心悦诚服。

通过华歆短短几句话,给了我们一个启示:在拒绝别人的时候应该注意维护对方的颜面,让对方非常体面地接受拒绝,这样对方不但不会忌恨或尴尬,还会因此对自己更加信服。因此,当他人的请求你无能为力时,就要学会说"不"。

你不妨用下面几种方式拒绝他人。

1. 用沉默代替拒绝

当别人问到你不愿回答或不好回答的问题时,可以假装不曾在意、没听清,不予以回答;或者可以报以一笑,让对方知趣地收回。又或者一位不大相熟的朋友邀请你参加他的婚礼,面对请帖,你可以不给予明确的回复。对方自然明了你的心思。

2. 用拖延表示"不"

一位女友想与你约会。她在电话里问你:"今天晚上八点钟去跳舞,好吗?"你可以回答:"明天再约吧,到时候我给你去电话。"你的同事约你星期天去钓鱼,你不想去,可以这样回答:"其实我是个钓鱼迷,可自从成了家,星期天就被妻子没收啦!"这种拒绝方式,既给双方留了余地,又没有明确地拒绝对方,不失尴尬。

3. 借别人的意思拒绝

面对别人的请求,还可以借别人的意思拒绝对方。比如:一个邻居到迈克家借工具,迈克不太喜欢这个邻居,就说:"对不起,叔叔。我家的工具都得经过爸妈的允许才能外借,不过我爸妈不在家。"

有位家长找到孩子的班主任，想请老师吃个饭。老师说："谢谢你的好意，不过校长说了任职期间不得接受孩子家长的馈赠及宴请，所以我对你的邀请只能表示感谢。"

4. 顾左右而言其他

在面对你不喜欢谈论的话题，可以选择避开这个话题回答。比如：和朋友一起吃了不喜欢的食物，对方问你味道如何。你可以回答："我觉得还是吃简单点好。"

你很不开心，但又不想影响别人的情绪。面对别人的询问："你今天好像不开心，很少开口说话？"你可以回答："没有，只是手上的工作有点忙，顾不上说话而已。"

5. 用客气代替拒绝

面对有求于自己的人送来的礼物，你不愿意接受，就可以用以下方法：

用客气话拒绝。

如："你太客气了，如果你认为我们关系还不够好的话，可以选择把礼物留下。"

从礼物本身着手。

如："这个东西更适合你，我不能夺人所爱。"并同时再三强调该物品之于对方有诸多好处。

从礼物的价值和意义着手。

如："你送这么贵重的礼物，放在我这里，我会寝食难安的。为了不让我失眠，还是烦请你带回去。"

6. 用反问代替拒绝

和别人聊天时,面对对方提出有关国事、国情的问题,你觉得不便回答或不愿回答,则可以反问对方说:"你有什么看法?"或"你认为呢?"

7.模糊回答代替拒绝

在面对一些不方便当众讨论的问题时,可以选择用模糊的回答代替拒绝。比如在是非问题上的表态:"这个事情我不太清楚""这个哪说得清啊""谁知道会怎样呢"等等。

当我们羞于说"不"的时候,请恰当地运用上述方法吧!但是,在处理重大事务时,来不得半点含糊,应当明确说"不"。

拒绝他人,但不要得罪人

我们不能避免拒绝,但却可以在拒绝时采取委婉含蓄的方法,最大程度地避免因为拒绝而四面树敌。如果某人向你提出要求,是不符合原则的,那么该拒绝的一定要拒绝。同时要讲究说话方式的灵活性,讲究灵活性,很重要的一点是委婉含蓄。

其实,有时我们拒绝的人之所以与我们反目成仇,并非完全是因为我们拒绝了他,更多的是因为拒绝他的语言和方式伤害了他。

张飞在辅佐刘备前,曾经卖过肉。有一次,一位朋友向他打听他从东北进猪肉的价格。这是商业机密,张飞当然不想告诉朋友,但又不想得罪朋友。于是,张飞神秘地向四周看了看,压低声音问道:"你能保密吗?""当然能。""那么",张飞微笑地看着他,"我也能。"

张飞采用的是委婉含蓄的拒绝方式，其语言具有轻松幽默的情趣，表现了他的高超艺术，这让他在朋友面前既坚持了不能泄密的原则立场，又没有使朋友陷入难堪，取得了极好的语言交际效果。相反，如果张飞表情严肃、义正词严地加以拒绝，甚至心怀疑虑，认真询问对方为什么打听这个、有什么目的、是不是也想做卖肉的生意……岂不是小题大做，大煞风景。

巧妙拒绝违反原则的请求，很重要的一点是委婉含蓄，切忌太过直白。

在人际交往中，如果你的朋友提出的要求违反了你的处世原则时，这时你既没必要给予他强烈的批评，也没必要直接回绝他。最好的方法就是让对方知难而退，这样既不伤朋友间的和气，也不违反自己的为人处世原则。

有人想让庄子去做官，庄子不想做官，但他并未直接拒绝，而是打了一个比方，说："你看到太庙里被当作供品的牛马吗？当它尚未被宰杀时，披着华丽的布料，吃着最好的饲料，确实很风光。但一到了太庙，被宰杀成为牲品，再想自由自在地活着，可能吗？"这里，庄子虽没有正面回答，但一个很贴切的比喻已经含蓄地表示了，让他去做官是不可能的。

办任何事都有一个原则问题，不符合原则、违反规定的事情坚决不能办。如果朋友向你提出的要求是违背原则的，那么你就不能答应给他办，这叫坚持原则。聪明的人都不会为保持一团和气而丧失立场，不论什么样的关系，该拒绝的时候一定要坚决拒绝。但要根据双方交往的场合和时间等的不同，采取灵活的策略。

对下属的要求应委婉拒绝

领导者对下属说"不"时，既要坚持自己的原则，又应维护下属的自尊心，激发下属工作的积极性，充分展现自己作为领导的风度。

对于任何人来说，拒绝别人都是件很棘手的事情，作为上司也一样。对于下属所提出的无理要求如果给予直接拒绝，恐怕会伤害下属的自尊心。而且从另一个方面来看，过于直率地拒绝，也不利于自己待人接物。

有这样一个笑话。一位员工经常请假，领导很不高兴。一次这位员工又向领导请假，领导对员工说："你想请一天假？看看你在向公司要求什么：一年里有365天你可以工作。一年52个星期，你已经每星期休息2天，一共104天，剩下261天工作。你每天有16个小时不在工作，去掉174天，剩下87天。每天你至少花30分钟时间上网，加起来每年23天，剩下64天。每天午饭时间你花掉1小时，又用掉46天，还有18天。通常你每年请2天病假，这样你的工作时间只有16天。每年有5个节假日公司休息不上班，你只干11天。每年公司还慷慨地给你10天假期，算下来你就工作1天，而你还要请这一天假！"

当然这只是一个笑话罢了，但该领导拒绝他人的思路却是非常值得我们借鉴的。身为领导，一方面你要对下属的合理要求给予满足，使他们认识到你总是尽量地在帮助他们，应该办的事情都会给他们办；另一方面，对于某些下属所提出的不合理要求，你要在坚持原则的前提下，在委婉地提出不能办的各种原因之后，巧妙地劝阻他们不要得陇望蜀。

也就是说,领导者对下属说"不"时,既要坚持自己的原则,又应维护下属的自尊,激发下属工作的积极性,充分展现自己作为领导的风度。

那么,在现实中,领导拒绝下属需要注意哪些问题呢?大致来说,领导拒绝下属的时候,必须要注意以下几点。

1.要顾及下属的感受

领导对下属说"不"虽然看起来很容易,但是,如果完全不顾及下属的感受,简单生硬,就难以使员工信服自己,给管理带来麻烦,给员工带来的也只有记恨和背叛。因此,领导者对下属说"不",在坚持自己原则的同时,又应保护下属的自尊,激发下属工作的积极性。

同时,也要讲究"巧"和"善"。"巧"就是灵活多变,抓住下属的心理,顺势引导,让下属没觉察时就被你拒绝了。而心怀"善"念,即使下属被你拒绝了也不会怀恨在心,你的真诚、友善的态度消除了下属可能产生的敌意。

2.敢于说"不",善于说"不"

在现代社会,领导必须敢于说"不",善于说"不"。因为有的时候,下属的观点、行为并不正确,而他自己却因为某种原因觉察不到,这时领导者就应勇敢、果断地加以拒绝。如果下属是一个正直的人的话,他一定会很感激你,因为这也是对他的一种激励和帮助。领导的行为,充分肯定了他是一个正直的人,让他能够认识、承认并改正自己的不足。

从这个角度来说,拒绝其实是激励的孪生兄弟。虽然它们表现的方式有所差别,但达到的效果却是一样的。如果从被激励者的心理反应上来看,只要使对方达到了一种心理满足,产生了良好效果的行为,都可以称之为激励。

也许有的下属对此一时难以适应、难以理解。但随着时间的推移，相信总有一天他们会体谅，会理解的。

3.注意倾听原因

在决定拒绝之前做到真诚与委婉，领导者首先要注意倾听下属诉说的原因。这样既能让对方有被尊重的感觉，也能在你婉转地表明自己拒绝的立场时，避免让他觉得受到了伤害，或避免让下属觉得你并没真正理解他，而只是在应付。

同时，领导者要在倾听完下属的意思后再拒绝，还可以针对下属的情况，给出解决的意见，同样能获得下属的感激。而所有这一切，都需要领导在拒绝下属时真诚相待。

拒绝别人不要有心理负担

如果面对别人的不合理要求，明明知道自己做不到，却又违心地答应，这样的结果只能是既造成了对方的困扰，又失去了别人对你的信任。所以，说"不"没什么开不了口的，只要站得住立场且对自己有益，就请勇敢地向别人说"不"吧！

对于大多数人来说，说"不"是一件十分棘手的事。配偶、朋友、孩子、老板、同事总有可能向你提出一些要求或请你帮忙。但是如果有些事情超出了你的能力范围，而你却碍于脸面，硬着头皮答应了下来，那为难的就是你了。其实，你完全有权利对别人说"不"。

拒绝别人不是一件什么罪大恶极的事情，也不要把说"不"当成是要与人决裂。是否把"不"说出口，应该是在衡量了自己的能力之后，做出的明确回应。虽然说"不"难免会让对方生气，但与其答应了对方却做不到，还不如表明自己拒绝的原因，相信对方也会站在你的立场体谅你。

雪莉·茜是好莱坞第一位主持一家大制片公司的女士，她在30岁就当上了著名电影公司董事长。为什么她有如此能耐呢？主要原因是，她言出必践，办事果断，懂得拒绝。

好莱坞经理人欧文·保罗·拉札谈到雪莉时，认为与她一起工作过的人，都非常地敬佩她。欧文说，每当她请雪莉看一个电影脚本时，她总是立即就看，很快就给答复。不像其他的一些领导，如果给他看个脚本，即便不喜欢，也不表明态度，根本就不回话，而让你傻等。但是雪莉看了给她送去的脚本，都会有一个明确的回答，即使是她说"不"的时候，也还是把你当成朋友来对待。这么多年以来，好莱坞作家最喜欢的人就是她。

通常情况下，如果是遇到一些不好办的事情，很多人总是以沉默来回答。事实上这种不明朗的拖延并不好，会让对方感觉不到诚意。其实学会委婉的拒绝同样可以赢得周围人对你的尊敬。

当然，当你对别人说不时，切记不要咬牙切齿、绷着一张脸，而应该带着友善的表情来说"不"，才不会伤了彼此的和气。你不妨用下面的方式把"不"字说出口：

（1）问清目的。假如朋友的要求，你认为超越了正常范围，就应毫不犹豫地拒绝他。

（2）对于那些违法乱纪的事情，应持坚决的态度来拒绝。

（3）说"不"时语气要委婉。

（4）态度要坚决。否则，你仍难脱干系，说不定他还会来找你，让你想办法。

（5）接受指责。遭到你的拒绝，要求不能达到，对方有时会对你加以指责。对此，你不妨报之一笑，承认自己能力有限，做不到他要求的事。

拒绝的太极心法，巧踢"回旋球"

拒绝不一定非要表明自己的意思，许多时候，利用对方的话来拒绝他，则是更聪明的选择。只要合理地从对方的话语里引出一个合乎逻辑的相同问题，巧踢"回旋球"，就能让对方"哑巴吃黄连——有苦说不出"。

当对方的问题很难回答，问的角度很刁，你回答肯定、否定都可能出错时，那就不要回答，把问题再还给对方，从哪个地方踢来的球，再踢回到哪儿，将对方一军。这是谈话中可运用的一个很普遍、很实用的技巧。

军阀吴佩孚的势力日渐强大，成为权倾一方的实力人物。

一天，他的一位同乡来投靠他，想托他找个差事。吴佩孚知道那位同乡才能平平，但碍于情面，还是给他安排了一个上校副官的闲职。

不久，那位同乡嫌官微职小，再次请求想当个县长，要求派往河南。

吴佩孚听了，便在他的申请书上批了"豫民何辜"四个大字，断绝了他的念头。谁知过了一段时间，那人又请求调任旅长，并在申请书上说："我愿率一旅之师，讨平两广，将来班师凯旋，一定解甲归田，以种树自娱。"看到同乡的要求，吴佩孚简直又好气又好笑，于是提笔批了"先种树再说"五个大字。

面对同乡的无理要求，吴佩孚用对方的言语"将来班师凯旋，一定解甲归田，以种树自娱"为借口，批示让同乡先种树再说而拒绝了他。

也许有很多人会有这样的想法，难道我们在现实生活中非要拒绝别人不可吗？我们在拒绝他人时都要采用这些委婉的方法吗？其实，在现实生活中，关于拒绝他人，我们还要注意以下问题：

1. 在日常生活中，我们应该真诚地对待朋友和同学，积极地帮助他们。每个人都应该明白一个简单的道理："平时帮人，拒人并不难"。这种方法主要应用于那些确实违背我们意愿的事情。

2. 如果是由于自己能力或客观原因，我们应该坦诚相对，说明自己的实际情况，同时，要积极帮对方想办法。

3. 对于某些情况，直接说"不"的效果更好，特别是对于那些违法乱纪的事情，应持坚决的态度来拒绝。对于那些可能引起误解的事情，也应该明确自己的态度，否则会"当断不断，反受其乱"。此外，由于拒绝不明可能会影响对方，也影响事情的发展方向，所以应该直截了当地拒绝。

4. 即使我们掌握了一些比较好的方法，但在一般的拒绝中，我们也应该语气委婉，最好还能面带微笑。这样既达到了自己拒绝他人的目的，又消除了由于拒绝给对方带来的不快。

抢先开口，让对方无法提出要求

对于有经验的人来说，在知道别人将要说一些对自己不利的话，或让你办一些你不想办的事情时，不妨抢先开口，从其他不相关的话题开始，坚决不给对方提出请求的机会，利用这种明确的暗示，让对方识趣地把要求堵在嘴里，从而达到拒绝的目的。

当别人向你提出邀请或其他请求时，总是希望能够被顺利接受。一旦话说出来，你再直接拒绝，会使对方误解你"不给面子"，因而对你产生不满的情绪。面对这一情形，以守为攻、先发制人是拒绝别人的一个上策。在对方尚未张口前已猜到对方的意思时，你不妨先表达自己在这方面有所不便，以堵住对方之口。因为对方并未明说他的意愿，所以这种拒绝不致使双方难堪或尴尬。

请看一则事例：小张负责某项目的招投标工作，小张的一位朋友来到小张家，这位朋友正有意参加相关工程投标。小张明知其意，于是灵机一动，在朋友刚一进家门还来不及开口时，就立刻说："你看，你好不容易来玩一玩，我都没有空陪你，最近实在太忙了，连吃饭的时间都抽不出。"对方一听这话，赶紧搪塞几句，再也不好意思开口相请。

由此看来，运用先发制人这一招，重在掌握"先"机。自己已经深知对方将要说的话或事情，就应抢先开口，把对方的意思提前封锁在开口之前。这样就能牢牢掌握在与人交际中的主动权，达到巧妙拒绝对方的目的。

再比如接到一个经常找你帮忙的朋友的电话，如果他一开口便问你:"最近忙不忙?"如果这时候回答"不忙"或"还好",那么他的下一句自然就会转到正题上来。于是这时候你可以这样回答:"忙啊!最近忙得连休息的时间都没有了,每天加班到凌晨,快累垮了。"

听你这么一说,对方自然清楚你是帮不上忙了。而且因为你采取的是提前声明的方法,所以根本不存在拒绝一说,对自己、对对方来说,都不会存在面子过不去的问题。

总之,当你无法满足别人的请求,而又不能或无须找任何借口时。就用"先发制人"的方式,堵住对方说出请你帮忙的话,这样一来,你也就不用为如何拒绝而苦恼了。

找个挡箭牌,往别人身上推

有的时候,你根本不用绞尽脑汁去想那些拐弯抹角的拒绝方式,就能把"不"字直接说出口,并且切断所有后路,让对方无法采取别的方式再对你进攻。不过,在这里你要借用"别人的意思"。

某造纸厂的推销员小赵到一个大学推销纸张,小赵找到他熟悉的这个大学的总务处长,请求他订货。总务处长彬彬有礼地说:"实在对不起,我们学校已同某国营造纸厂签了长期购买合同,学校规定再不向其他任何单位购买纸张了,我也应按照规定办。"

这里的"拒绝"表面看来并不是总务处长的意思,因为他把责任已经全部推到"学校"那里,学校的规定,谁也无法反抗,事情就这么简单。借别人的意思表示拒绝。这种方法看似推卸责任,却很容易被人理解。既然爱莫能助，也就不便勉强。

如果有人求你办事，假如你是领导成员之一，你可以说："这件事我一人说了不算，毕竟我们单位是集体领导，像刚才的事，需要大家讨论才能决定。但是这件事恐怕很难通过，你最好还是别抱什么希望，如果你实在要坚持的话，也要等大家讨论后再说。"这样一来，就把矛盾引向了另外的地方。意思是说，不是我不想给你办，而是我决定不了。请托者听到这样的话，一般都会明白。

一个年轻的业务员经常与客户在酒桌上打交道，长此以往，他觉得自己的身体每况愈下，实在不能再像以前那样喝太多酒了。可应酬中又免不了要喝酒，怎么办呢？后来他想到一个办法。每当客户劝他多喝点的时候，他便笑着说："诸位可能不知道，我家里那位可是一个母老虎，我这么酒气熏天地回去，万一她河东狮吼起来，我还不得跪搓衣板啊？"

业务员这么一说，客户觉得他既诚恳又可爱，自然就不再多劝了。

借用别人的意思拒绝，你也可以虚构一个"后台领导"，把自己的意愿都归到他身上，适当地弱化自己的地位，表现出一种对决策的无权控制。从而全身而退，拒绝的效果就会立竿见影，对方也无法进一步再提要求。

需要提醒的是，利用别人的意思来拒绝也要注意使用方式。最好对方不认识你说的这个人，你借用的这个人跟你的关系又很密切，这样才能把拒绝做好。

因此，借用别人的意思拒绝时，最好是用来拒绝陌生人或者不是很熟悉的人。比如某个推销员或者刚认识的一个还不清楚底细的朋友。

但如果是很熟悉的朋友你也借别人的嘴巴来拒绝，让朋友知道了，会觉得你不够真诚，从而使你的形象大打折扣。

拒绝领导需要大智慧

当领导提出一件让你难以做到的事时，如果你做不到直言答复时，可能会有损领导颜面。这时，不妨说出一件与此类似的事情，让领导自觉问题的难度而自动放弃这个要求。

在生活中，我们常常会被领导安排做一些事情，但有些事情你无法胜任，这时你不得不拒绝领导，但又怕直接回绝令领导生气，给自己的职场前途带来障碍。这时候，你应该怎么办呢？

当然，拒绝领导是要讲究方法的。因为领导不是一般人，他有可能影响你一生的前程，我们不可轻易得罪。但如果你能采取一些巧妙而又行之有效的拒绝方法，领导就会谅解你。

1. 设法尽"全力"迫使领导自动放弃

当领导提出某种要求而你又无法满足时，设法给领导造成你已尽全力的错觉，让领导自动放弃自己的要求，也是一种好方法。比如，当领导提出无法满足的要求后，你可以先答复："您的意见我懂了，请放心，我保证全力以赴去做。"过几天，你及时主动向领导汇报："这几天经理因有急事出差，等下星期回来我再去找他。"又过几天，再告诉领导："您的要求我已转告经理了，他答应会在公司董事会上认真讨论。"尽管事情最后不了了之，但你也会给领导留下好印象，因为你已尽力而为，领导也就不会怪罪于你了。

一般情况下，人们总是念念不忘自己提出的要求，但如果长时间得不到回音，就会认为对方不重视自己的问题，反感、不满由此而生。所以，即使不能满足领导的要求，只要能做出些样子，对方就不会抱怨，甚至会对你心存感激，主动撤回让你为难的要求。

2.向领导提出一个类似的难题

当领导提出一件让你难以做到的事时，如果你直言答复做不到，可能会有损领导颜面，这时，你不妨说出一件与此类似的事情，让领导自觉问题的难度而自动放弃这个要求。

甘罗的爷爷是秦朝的宰相。有一天，甘罗见爷爷在花园走来走去，不停地唉声叹气。

"爷爷，您碰到什么难事了？"甘罗问。

"唉，孩子呀，皇帝不知受了谁的教唆，硬要吃公鸡下的蛋，命令满朝文武想法去找，要是三天内找不到，大家都得受罚。"

"皇帝太不讲理了。"甘罗气呼呼地说。后来他眼睛一眨，想了个主意，说："爷爷您别急，我有办法，明天我替你上朝好了。"

第二天早上，甘罗真的替爷爷上朝了。他不慌不忙地走进宫殿，向秦皇施礼。

皇帝很不高兴，说："小娃娃到这里捣什么乱！你爷爷呢？"

甘罗说："皇上，我爷爷今天来不了啦。他正在家生孩子呢，托我替他上朝来了。"

皇帝听了哈哈大笑："你这孩子，怎么胡言乱语！男人家哪能生孩子？"

甘罗说："既然皇上知道男人不能生孩子，那公鸡怎么能下蛋呢？"

甘罗的爷爷作为秦朝的宰相，面对皇帝的无理请求，却又找不到合适的办法拒绝。甘罗作为一个孩童，却能如此得体地用类似的难题拒绝皇帝，并让皇帝不得不放弃自己的无理请求。

3.依靠群体替你拒绝

领导要求你做某一件事时，其实你很想拒绝，可是又说不出口。这时候，你不妨拜托其他两位同事和你一起到领导那里去，这并非所谓的三人战术，而是依据群体替你做掩护来说"不"。

你们可以先商量好谁是赞成的那一方，谁是反对的那一方，然后在领导面前争论。等到争论一会儿后，你再出面委婉地说"原来如此，那可能太牵强了"，而转向反对的那一方。

这样一来，你可以不必直接向领导说"不"，就能表明自己的态度。这种方法会给领导"你们是经过激烈讨论后，绞尽脑汁才下的结论"的印象，而所有的人都不会有哪一方受到伤害的感觉，从而领导会很自然地自动放弃对你的要求或命令。

4.思考后再决定

领导要求你做事时，你要认真思考：这件事自己能否胜任？是否违背自己的良心？然后再做决定。如果只是为了一时的面子，把无法做到的事答应下来，那就是"心太软"。即使这位领导平时很关照你，当他托你办事时，你若觉得实在无法做到，就应该很明确地表明态度并向他说声"对不起"。否则，不仅事情没办成，还会因此得罪领导。

当然，拒绝领导的方法有许多，但一定要看好时机，用最自然的形式将你的本意暗示出来。不要惧怕，只要方法得当，领导也会理解的。

第七章 批评的口才技巧

良药苦口利于行,批评的话虽然容易伤人,但确实是出于好心。如果能够在批评别人的时候讲究一些技巧,无论是对批评者还是被批评者,都是有好处的。

第七章
批评的口才技巧

批评容易伤人，一定要谨慎使用

在与人交往的过程中，不少人常常会标榜自己是个"直肠子"，凡事有话直说，自以为这样是性格直爽的表现。但这种直来直去的说话方式往往不顾及别人的感受，只顾自己一吐为快，会在不知不觉中伤害了别人。

很多时候，实话实说或有话直说，只会让人下不来台。人与人之间言语的交流，常常是"曲则全"，因为人们总是更容易接受含蓄的指责。

有一次，丘吉尔携夫人克莱门蒂娜出席了某位政界要人的晚宴。席间，一位官员对桌上的小银盘爱不释手，但碍于情面，又不好意思开口向主人索要，于是，偷偷将它藏在自己的怀中。但是这个举动还是被女主人发现了。这是她最心爱的一套收藏品，一直视其为珍宝，如果拿走其中之一，将会是她最大的遗憾。那么，该怎么办呢？当面揭穿，只会让对方下不了台，最终破坏了晚宴的气氛。女主人一时想不出好办法。情急之下，她决定求助丘吉尔夫人。克莱门蒂娜略作思索，然后和丈夫耳语了几句。

丘吉尔笑着点了点头，随即用餐巾做掩饰，也偷偷拿走了一个同样的小银盘，然后走到那位官员的身边，神秘地对他低语道："这种小银盘真是可爱，我也拿了一个。不过，它把我们的衣服都弄脏了，我们还是把它放回去吧。"这位官员听罢，很快明白了丘吉尔的意思，羞愧地将小银盘放回了原位。

一场潜在的冲突，就这样被丘吉尔夫妇巧妙地化解了。在这场危机中，丘吉尔通过模仿那位官员的举动，让对方认为偷银盘的不止他一个人，从而给了对方一个台阶，维护了对方的面子，使其不至于在众人面前颜面尽失。事实证明，人们更愿意接受这种间接的批评方式。

没有谁愿意在人前示短。因此，对于别人的错误，直接的批评不但容易伤其自尊，还会激起对方的反抗。如果你旁敲侧击，委婉地暗示对方，他不但乐于接受，甚至还会感激你。

使用这种方法，不仅可以避免因尽露锋芒给对方造成伤害而形成对抗，还能够启发人的想象和思考，使其体会其中的道理，让对方在细细斟酌之余接受你的批评，改正错误，从而收到"言有尽而意无穷，余意尽在不言中"的效果。

第七章
批评的口才技巧

批评一定要讲究方式方法

批评是生活中最难把握的一种表达方式。在生活中，我们常常会遇到这种情况：不讲批评方式，在公众场合，倚理欺人，居高临下地指责、批评对方，试图把自己正确的观点强加给对方，这样做往往会事与愿违。即使对方感到自己有错误，也会强词夺理，或者拂袖而去，最后弄得不欢而散。

有人曾把批评成功的基本条件凝练地概括为三点：一是心要诚；二是要有彻底、中肯的分析；三是运用恰当方式。要想正确地掌握批评的原则，需要注意三个方面：

1. 要注意批评的动机、目标和效果

每个批评者的出发点都是善良的，都真诚地希望提醒或帮助对方改正错误的地方。因此要做到尊重、理解、信任被批评者。一般不要说："我本来不想说，可是……""说了你也许不高兴，但不说又不行，所以……"从批评的目标上说，要做到有的放矢，不可全盘否定，把别人说得一无是处。应把重点放在改善目前不足的方面。从后果上说，批评者不仅要考虑如何把正确的意见告诉对方，还要考虑对方能否接受你的意见，达到什么样的效果，能否让对方口服心服。否则，对方要么"当面接受，过后照旧"，要么"表面同意，心底不服"，甚或"当面顶撞，让你无法下台"。批评要针对人的行为，而不是他或她本身。只有动机与效果达到了完美统一的批评，才是成功的批评。

2. 要注意批评的态度和语言

批评人时要心平气和，做到诚恳、认真、冷静、耐心，不能急躁，不能怨恨、更不能存心找麻烦。要使用一种温和的语言及有效去除僵硬与冷淡的方式。当你心中愤怒、埋怨、焦虑、想责怪对方时，最好是先克制一下情绪、整理一下思绪，甚至可以先听听音乐、散散步、看会儿电视，等冷静下来后再实施批评。在实施批评时，最好先适当地表扬对方，通过提及对方干得好，而使对方认为并非自己全都不对，从而缓和气氛，以保护他们的自尊，使他们感到既愿意又有能力去改进。

批评语言要中肯，如：有位老师第一次到职工夜校高考复习班上课。几位年轻学员同她开玩笑："唷，老师，您的字写得可真漂亮，和您的人一样漂亮。"老师对这种油腔滑调的话很反感，但她却笑笑说："你们和我开玩笑，这没关系，但你们可别和自己开玩笑。你们付了学费，还花了比金钱更宝贵的时间来学习，假如上课时思想分散、学不到知识，明年考不上大学，一年的复习班就等于白读了，这岂不是在和自己开玩笑吗？"老师的一番话，使学生口服心服。

3. 因人而异、对症下药

批评他人要注意根据不同对象采取不同的方法和语气。对年轻人，批评时要语重心长，要寄予希望；对中年人，要旁敲侧击，点到即止；对长辈和上级，要巧妙提醒，声东击西，含蓄委婉；对那些"老虎屁股摸不得"的不讲理者，要理直气壮，以正压邪，在严厉批评之后再辅之以耐心地说服。

第七章
批评的口才技巧

批评的六种武器

批评者都希望自己的意见能被对方愉快地接受,然而有时却往往事与愿违,这并不是说批评者的动机有什么不好,只不过是他们还没有掌握批评的窍门。与直接批评相比较,我们不妨找几个间接批评的小窍门,以提高我们的批评效果。

1. 暗示批评

例如:机电厂工人小王就要结婚了,工会主席老江听大家说小王要大操大办。于是便找小王询问:"小王,你们的婚礼准备怎么办哪?"小王不好意思地回答:"依我的意见,简单点就行了,可丈母娘不同意,她说只有这么一个女儿……"老江说:"哦,咱们单位的小李、小张也都是独生女呀。"在这段话中小王和老江都用了隐语。

小王的意思是婚礼操办是娘家意见,老江则暗示:别人也是独生女,却能够新事新办。

又如:某单位几位老同志反映,晚上住在机关宿舍楼上的青年同志不注意保持安静,老同志在楼下睡不好。党委书记和这些年轻人闲谈时,讲了一则笑话进行暗示:有个老头神经衰弱,稍有响动就很难入睡。恰好楼上住了一个经常上晚班的小伙子。小伙子每天下班回家,双脚一甩,将鞋子"噔噔"踢下,重重地落在地板上,每次都将好不容易才入睡的老头惊醒。老头跟他提了意见。当晚小青年下班回来,习惯地把脚一甩,突然记起老头的话,于是轻轻脱下第二只鞋。第二天一早,老头埋怨小伙子说:"你一次将两只鞋甩下。我还可以重新入睡。你留下一只不甩,害得我等你甩第二只鞋等了一夜。"

笑话说完,小青年们哄堂大笑之后,悟出了笑话的所指,以后就注意并改正了。

2. 模糊批评

某个单位为整顿劳动纪律,召开员工大会。会上领导说:"最近一段时间,我们单位的纪律总体是好的,但也有个别同志表现较差,有的迟到早退、上班吹牛谈天……"

这里单位领导用了不少模糊语言:"最近一段时间""好的""个别""有的"等。这样既照顾了存在问题的同志的面子,又指出了问题。他没有指名实际上又指名,并且说话又具有某种弹性。通常这种说法比直接点名批评效果更好。

3. 安慰式批评

年轻的莫泊桑向著名作家布耶和福楼拜请教诗歌创作经验。两位大师一边听莫泊桑朗读诗作,一边喝香槟酒。布耶听完说:"你这首诗,句子虽然疙里疙瘩,像块牛蹄筋,不过我读过比这还坏的诗。这首诗就像这杯香槟酒,勉强还能喝下。"这个批评虽严厉,但有余地,给了对方一些安慰。

又如:王佳的作文写得一塌糊涂,老师很生气。但在批评王佳时,老师却是这样说的:"你的作文写得不是很好,文不对题,里面还有许多的病句。但是,作文的开头写得不错,方法挺新颖的。"老师在批评中夹杂了安慰和鼓励,让被批评的人在心理上更容易接受。

4. 指出错时也指明对

大多数批评者，往往是把重点放在指出对方"错"的地方，但却不能清楚指明"对"应怎么做。有的人批评时说："你非这样不可吗？"这是一句废话。因为没有实际内容，只是纯粹表示个人不满意。又如一位丈夫埋怨妻子说："家里一团糟，又有客人要来，你怎么只管坐在那儿化妆？"这种话也不会起作用，他只说了一半，没有说妻子应该做什么。又如：小明每次接电话时都非常没礼貌。"喂，谁呀？你找谁？"妈妈听了，及时纠正："不能这样接电话，这样说容易让人认为你没有礼貌，很没修养。"你应该说："您好，请问是哪一位？"这样批评，对方更容易接受。既指明了错误所在，又指出了如何做才是对的，使对方有明确的改正目标。

5. 别忘了用"我"字

一位女工对其工友说："你这套时装都过时了，真难看。"这种方式不能被对方接受，这只能是她个人的主观意见，他人不见得有同感。

正确的表达方式，应当说明是你个人的看法，仅供参考。这样，对方听得比较顺耳，甚至还可能有兴趣了解一下你为什么有此看法。

6. 克制"我"的情绪

在批评之前你首先要审视自己，你觉得自己的心情紧张吗？对对方心存不满吗？把你的感受——愤怒、埋怨、责怪、嫉妒等先清理一下，不要将这些情绪带到批评的语言之中。

有经验的批评家认为，未开口批评人家之前，先检讨一下自己所持的是什么态度，是积极还是消极？情绪不好是很难掩饰的，这样会影响批评的效果。

因人而异说话，提出不同批评

当我们发现并指出别人的"错"时（其实也许只是别人与自己的观点不同而已），就会出现批评了。批评是针对人的工作，因此，批评方式的选择就应该考虑到被批评对象的各种具体情况，但要因人而异。

1. 确定年龄阶段

同样的问题，对不同年龄阶段的人的批评方式是不同的。这就要求批评者在开展批评工作之前，要确定其年龄段，并正确地加以区分。对年龄大一些的人，一般应采用商榷式的语言；对年龄相近的人，由于共同点多一些就可以自由交谈；对年龄比自己小的人，可以用一些开导性语言使其加深认识。

同时，批评时还要注意称谓。对年长些的人应加上谦语：如以"老"字做词缀（"老王同志""王老"），以职务为后缀（"张主任""李所长"）等等，这样显得较郑重、有礼貌。对年龄相近的人的称谓则可以随便一些，可直呼其名，也可叫一些常用的称呼，若彼此还不是很熟悉，则称呼可郑重一些。

总之，每一个年龄段的人的特点不尽相同，他们的要求也不一样。所以，在选择批评方式的时候，要有所区别。

2. 区别职业、级别

三百六十行，每行都有每行的职业特点，也有相应的批评要求。就是在同一行业中，不同的工种、不同的级别的人也有所区别。对待工作能手和初学者的要求不一样，批评也不能相同，而对担任领导职务的人和一般的工作人员的批评也不应该采取同一种方法。一般来说，对那些工作能手和行政级别相对高些的人，要求也相对严格一些，批评也要严厉一些。

例如：某纺织厂的小王和小郑同在一个纺纱车间，小王比小郑早两年入厂，小郑则刚刚入厂。在生产操作中她们出现了相同的错误。车间张主任狠狠地批评了小王，但对小郑则只是指出了她操作的不当，还安慰她不要着急。小王很不服气，找张主任交换意见。张主任对她解释说："这种错误出现在你身上是不应该的，你不存在操作上不懂的问题，问题出现在工作态度上，你技术很熟练，所以对你的要求自然要严格一些。"

3. 分清知识结构

不同人的知识结构、阅历情况各有不同，因此必须根据其知识、阅历的不同，运用不同的语言艺术来展开批评。有几十年工龄的老同志，你一声轻叹，就会勾起他对过去的回忆，从而激发其心中的共鸣；受过高等教育的下级，可能因你对某些艰深理论的熟谙而产生由衷的敬意；一句粗话出口，会使还不习惯集体劳作的社会青年感到"来者不善"；知识、阅历深的人需要讲清道理，有时只需蜻蜓点水，对方便心领神会，而不需要唠唠叨叨，没完没了地去做工作。相反，对知识、阅历浅的人必须分析、讲清利害关系，他们看重的是结果如何，而不理会其中的奥秘究竟怎样。之乎者也、文绉绉的词句，只能使他们如入五里云雾，辨不出东西南北。较为传统的老同志不喜欢那些开放性的词句，五光十色的世界令他们目不暇接，莫不如通过对往日的回忆给他们安慰。年轻人讨厌那些陈腐的说教和诡秘的人际关系，他们需要理解，喜欢直来直去。可见，不同知识结构、不同阅历的人，他们在接受批评时的心理状况是有很大差别的。如何运用语言艺术，使他们既接受批评，又有正中下怀、如遇知己之感，是批评工作的一门艺术。

4. 摸清心理情况

心理，主要指人的气质、性格，对工作的兴趣和自我更正能力，是一个外延广泛的概念。批评者必须首先摸清对方的情况，在心理上占上风，否则将不会成功。

按照心理学的分类，人的气质主要分为胆汁质、多血质、黏液质、抑郁质四种类型。批评者应该根据不同类型人的不同特点来决定使用何种批评方式。胆汁质的人情绪外露，一点即爆。批评者在批评这种类型的人时不宜使用带有更多情感色彩的语言，但又不能因怕起"火"而不敢点，而是要摆出事实和道理，不给其以任何发作的借口；多血质的人较随和，但因其性情体验不深而要特别在逻辑和道理上下功夫；黏液质的人虽然稳重但生气不足，因此要适当给予情感刺激，激发其朝气和前进的活力；至于抑郁质的人，由于心细而内向，所以批评的语言宜点到为止，并尽量消除彼此之间的距离感，增加情感上的认同。诚然，现实中人的气质类型并非如此分明，更多的是混合型。所以我们在批评他人时可以针对不同状况，综合运用各种语言艺术，以达到批评目的。

当代瑞士心理学家卡尔·荣格曾将人的性格分为外倾型和内倾型

两类。外倾型开朗、活泼、善于交际；内倾型孤僻、恬静、处事谨慎。对于前者可以直截了当，谈话要干净利落；后者需要委婉，措辞要注意斟酌。至于介乎二者之间的中间性格类型的人，可以根据实际情况随机应变。

一般来说，那些对改进工作有浓厚兴趣的人，大多希望能得到他人的批评指正；相反，那种对工作缺乏兴趣的人，必须多费口舌调动或激发其改进工作的兴趣；而对于那些无视批评、屡教不改的人，在严厉批评的同时，也要采取一定的纪律或行政措施加以督促，以儆效尤。假如对方有很强的自我更正能力，那么批评者只需用中性、平静的语言提醒他注意就可以了。人的能力有高低之分，对于那些能力弱的人，自然要提供更多的帮助，必要时甚至调换其工作。

可见，批评不是简单的指正，而是一门复杂的语言艺术。只有做到因人而异、灵活运用，才能达到批评的效果，否则，只能适得其反。

忠言未必逆耳，批评也能顺着说

我们做了事情、说了话、写了文章，自己不放心、不敢判断，真的希望能有人告诉我们哪个地方好，哪个地方不好，差在了哪里。真的希望能有一名良师益友忠实地、大胆地指出我们的错误。

但为什么有的意见、有的忠告我们不爱听，甚至听后还感到难受、气愤，觉得自信心、自尊心受挫呢？究其原因是因为有的批评方式使我们心生反感而无法接受。

一种苦味的药丸，外面裹上糖衣，就改变了苦涩的口感，使患者容易一口吞到肚子里去。于是，药物进入胃肠，药性发生了效用，疾病就治好了。善于批评的批评者，即使批评他人，也能做到"忠言不逆耳"，老少都爱听。

例如：一位老师在讲课时，发现两个学生在打瞌睡，他把话停了下来，先把两个同学叫醒。接着给大家讲了一个故事：听说有一个长脖子企鹅，在跟它的师傅学筑巢时，总爱把头和长长的脖子贴到地面去待一会。师傅问："你这是什么意思？"小企鹅回答："我这是对师傅的礼貌。"

由此，我深受启发。有的同学，上课不注意听讲，总喜欢把头贴到桌子上，可能这也是对老师的礼貌吧？老师说完，全班同学都哄堂大笑，那两个睡觉的同学满脸羞愧，上课再也不打瞌睡了。这位老师采取了讲故事的批评方式，对错误的现象作了幽默式类比，取得了良好的批评效果。有时我们要对人批评的话，在批评以前，不妨先给人家一番赞誉，使人先尝一点甜头，然后你再说批评的话，人家也就更容易接受了。

有一天，某机关王主任对女打字员说："你打字的速度真是越来越快了。"那位打字员突然听到主任对她这样夸奖，受宠若惊，脸都红起来了。王主任接下去又说道："可是，我希望你今后打字的时候，对标点符号再注意一些会更好。"王主任如果不这么说，而直接叫她对标点符号要特别注意，她心里就会觉得今天受了上司的责备，并感到十分羞愧，也许为此会好几天都不愉快。她也许还要为自己辩护，说她自己是很小心的，因为原稿上有错误或是不太清楚的地方，所以她不能承担这个错误的全部责任。这样一来，王主任的规劝不但未起到效果，说不定还会由此惹来一些麻烦呢！我们来回想一下，有时我们受到批评，甚至是非常严厉的批评，我们都会点头接受，并且心悦诚服；而有的时候，即使碰我们一根毫毛，稍微点我们一下，我们也会跳起来反驳。当你仔细分析和比较之后，你就会发现，在二者之间有一个根本的不同点。这一根本的不同点，就在于别人对我们的同情与了解的深刻程度。我们始终欢迎的是那些了解我们，而又非常同情我们的人。

从理论上说，任何一种批评，对批评者和被批评者都存在着这样的悖论现象——批评者：善意的批评动机与担心伤害对方的矛盾。被批评者：希望得到他人赐教与唯恐遭受批评的矛盾。

如何化解这种悖论呢？这就需要掌握一些批评的口才技巧。

如果说赞美是生命的阳光，那么批评则是人生的雨露，二者犹如促人前行的两轮、催人奋飞的两翼，它们异能同功，殊途同归，共同推动人的进步和发展。

人生在世，孰能无过？若有过失，即需旁人指点评说。纵使原有自知之明，也难免敝帚自珍。当局者迷，旁观者清。所以每一个人都需要善意的批评来鞭策自己。

批评是一门语言艺术

批评的言语不同于赞美容易被人接受，因为它涉及一个人的心理、情绪、自尊心、思想状态等诸多因素。所以，由于批评不当而招致对方怨恨的事例是很多的，如果因语言不当而引起对方怨恨，那么批评非但没有达到目的，其效果还适得其反了。

我们应该认识到批评具有责任与艺术两种性质。只有清楚地认识到这一点，我们提出的批评才可能公平、有力、正确、中肯而不招人怨。那么，要使批评具有艺术性，我们必须掌握并运用好以下几种方法：

1. 先欣赏后批评

美国前总统卡尔文·柯立芝任职期间，在一个周末，曾对他的一位女秘书说："你穿的这套衣服很漂亮，你是一位很有魅力的女子。"柯立芝生性比较沉默寡言，这大概是他有生以来对一位秘书的最热情的赞辞了。这对于那位秘书来说太意外了，太不寻常了，使得她不知所措。柯立芝接着说："好啦，别愣在那儿，我这样说只是让你高兴。从现在起，我希望你对标点符号再注意点。"

也许他使用的方式似乎不太含蓄，但是，他运用的心理原理却相当高明。人们在听不太愉快的事之前，如果先听到对自己优点的赞扬，那么这样做能让对方容易接受一些。如果我们能够更含蓄一些表达，效果或许会更好。

2. 用恰当的连接词

汉语词汇丰富，很可能由于一个词的不同就可以造成语气的改变。

许多人在批评别人前注意到先诚心诚意表扬别人，但是他接下来用了一个转折词，下面就是一大通批评。比如一个老师对一个学生说："你这学期的成绩有所提高，我真为你高兴。但是，如果你英语不偏科，那么在这方面多下点功夫，就会更好的！"在这种情况下，那学生在"但是"之前是接受的，但是在"但是"之后，他就会开始对老师表扬的诚意产生怀疑了。甚至认为，表扬只是一种策略，目的却是对他偏科的批评，从而引起学生的反感。这样就达不到我们批评目的，并且让别人产生曲解。他可以这样说："你这学期的成绩有所提高，我真为你高兴。如果你下学期继续认真努力，你的英语成绩也会像其他科目一样好的。"这样，他会接受表扬，因为后面没有说出他的失败，而又间接提醒他应注意的问题。

所以，建议你在批评别人时，尽可能把转折关系改成递进关系，这样效果会更好。

3. 以身作则暗示

敏感的人对直截了当的批评是深恶痛绝的，那么我们可以间接地提醒他们注意所犯的错误，这样做会取得意想不到的效果。

我刚上小学一年级时，班上同学都不知道做值日生的责任，所以有一个星期无人执行值日职责。但班主任崔老师只是向大家说："今后一周我做值日生。"于是，每天放学时，我们看到老师打扫教室，摆正桌椅，关好门窗等。以后再让我们值日时，我们都按照老师的做法来做，大家都做得很好。就这样，我们在没有受到批评的情况下学会了做值日生。

老师的这种做法非常明智，虽然她没有批评我们，但是通过老师的以身作则，我们知道了如何去做是对的。我们今后不妨用以身作则的方法，暗示别人改变行为。

4. 用自己曾有的过失类比

先看看一位学生科科长是怎样对一位学生说的："李达明，大学时，我也像你一样喜欢外出，但又往往忘记返校时间，以致晚归，为此受到学校通报批评。今后你在这方面也要稍微注意点。"这样批评，对方容易接受，且对错误的改正目标也较为明确。此后李达明再无违反校纪现象了。

这位学生科科长就是先提自己当年的错误，他没有威胁，也没有警告什么，只是指出自己当年类似的错误，及为此付出的代价。例如：小峰学习不求精，总是一知半解。妈妈对他说："以前我上学时，也同你一样，上课时全听会了，可课后没认真复习，结果一部分知识遗忘了。天长日久，新的知识不断增加，就感觉到基础薄了。后来，我在课后及时复习，做到一天一清。结果，我的成绩在全班名列前茅。"

小峰的妈妈没有正面批评他，对他说应如何如何。而是举自己的切身事例，让小峰自己领悟应该如何去做。承认自己的错误，即使错误还未得到纠正，也有助于说服别人改变行为。

5. 多提问，少命令

没有人喜欢让别人命令自己，所以我们也不要试图去命令别人。急躁的命令会造成极深的怨恨，假如换用提问式会好得多。因为提问形式能使人保持自尊，并使他感到自身的重要，这样他是不会想到反击的。我们不要说你应该怎样怎样、你不应该怎样怎样。而说"你看这样做怎么样，这样做会好些吧？"

6. 给对方以信心

一个人对自己所犯的错误都会耿耿于怀，懊恼、沮丧，甚至认为自己无药可救了。所以在指出别人错误时就应该针对这一点，让他感到这错误是可以弥补的。例如：小张爱好书法，一日，他把自己的习作拿给教书法的王老师，请他为其指导。王老师对他说："其实你写字的基础还是不错的，只要在几个小地方做点改进，字就会写得好看得多。"小张听了王老师的话，一点也不感到失望和沮丧，反而对改正"几个小地方"充满了信心。

总之，要想批评一个人而不招怨，确实不容易，但也并不是做不到的事。只要我们在日常交际中多注意一些、灵活一些，我们是会掌握好的。

给朋友提意见的技巧

经常促膝谈心，是深化友情的纽带，而朋友间的交谈，其形式和内容更有别于其他关系。首先是措辞上不必那么严谨，其次，话题也不必仔细斟酌，可以更随意些。但这并不是说朋友间交谈可以口无遮拦、不讲究语言艺术。良好的语言表达对于维系和发展友谊是至关重要的。朋友之间交往要真诚、坦率，直率诚笃的交谈是朋友间真诚相待、关系融洽的表现。

　　如果做不到这一点，就会影响朋友间的关系，友情也会随之淡化。我们不妨这样想，假如甲、乙两个人都是你的朋友，甲在与你谈话时，闪烁其词、拐弯抹角。乙说话时不加粉饰雕琢，而是心诚意笃、直抒胸臆。其结果必然是你与乙朋友的友情与日俱增。因为你会认为乙充分信任你，可谓知己。"一个篱笆三个桩，一个好汉三个帮"。人生在世，离不开朋友的帮助和支持。所以，当你不能满足朋友的要求时，要直截了当的向他说明原因，朋友是会谅解你的；当朋友言行出了毛病时，你不妨直抒己见，明确指出，给予帮助。总之，直率诚笃是指朋友间交谈不隐瞒自己的想法，不讲客套话，相互信任，这样才能深化友谊。当然，直率诚笃的谈话并不等于"赤膊上阵"，它同样应该讲究语言的艺术。宋代的宋祁写文章爱用僻字，以显示自己博学。欧阳修同他一起修《新唐书》时，很想找个机会指出这种毛病。

　　一次，欧阳修去探望宋祁。宋祁不在，他便在门上写了"宵寐匪贞，札闼洪休"几个字。宋祁回家后，感到莫名其妙，只好去问欧阳修。欧阳修说："你忘了，这八个字是'夜梦不祥，题门大吉'！"宋祁抱怨欧阳修不该用冷僻字，欧阳修大笑道："这就是您修唐书的方法！'迅雷不及掩耳'多明白，你却要写成'震雷无暇掩聪'，这样的史书谁能读懂呢？"宋祁深感惭愧。欧阳修以诚笃之心、直率之言提出了宋祁的毛病，给了宋祁帮助，也增进了彼此的友谊。

　　朋友之间，争辩和拒绝是常发生的事。遇到这两种情况时的说话方式，尤其要注意。朋友之间尽管有很多共同点，但在某些具体问题上，仍不免有个你争我论。朋友之间争辩，首要的一点是掌握分寸，以不伤害对方、不损害友谊为尺度。对于原则问题或探讨某个学术问题而进行争辩是必要的，但为一些鸡毛蒜皮的小事情而争得脸红脖子粗，就有些过分了。

争辩可以成为斩断友谊的利剑，也可以成为维系友谊的桥梁。关键在于争辩不但要有意义，而且要有气量。论战双方可以各抒己见、各不相让，但应该尊重彼此的人格，不能为了个人意气和私利争辩。

很多人都这么想：我们是朋友，不分彼此，用不着那些客套，因此有话拿过来就说。其实这样想的人忽略了一点，那就是每个人都有自尊心，都希望自己的想法或做法能得到别人的肯定。当你不加考虑地指责一番后，他会产生一种挫折感，倒不一定完全对你有意见。如果你能讲究一下批评的艺术，利用暗示、幽默等方法委婉地提出你的意见，朋友就会更容易接受。

如果有时和朋友实在避免不了争论，那也要注意分寸，要记住：控制自己的情绪，避免使用过激的言辞和尖刻的话语；不要算老账、揭人短；不要计较胜负；批评时，要注意只谈事不谈人。

朋友相处久了，或许你会发现朋友的一些缺点。但是如果你采取不当的方式指出他的错误：一个蔑视的眼神、一种不满的腔调、一个不耐烦的手势……都可能带来不良的后果。假如你不是正面地反对对方的意见，而是用"我想""假如""你看""我还有另一个想法，不知……"等字眼委婉地表示出来，也许会收到理想的效果。

张杰和刘力在学校是同室好友，关系十分亲密。张杰家境不太好，自己在学习的同时，每天早晨不到 5 点就要到一家餐厅做工。随着学习压力的增大，考试期间，两人之间产生了不满情绪。下面这段对话后，两人的友情便出现了裂痕。

刘力说："你上班干吗非得把全宿舍的人都闹醒啊？"张杰说："你以为我乐意早上 5 点就起床，去那臭熏熏的厨房里干活吗？我父亲可不愿一年到头供养我，我得自己挣钱养活自己。我不像你，赖在屋里，靠家里供养。你自己清楚，你是我认识的人中最懒的一个。"刘力说："哦，别来这一套。昨晚看书一直看到两点的是谁？谁又说什么啦？难道你就不能轻一点吗？那么自私，就不稍稍考虑一下别人！"刘力被张杰的批评戳到了痛处，也就不顾一切地反击过去。这也是受人批评时的一种本能反应。

假如他们都不那么感情用事，而是采取负责的态度表示自己的不满，就可以避免朋友的怒气，至少可减少朋友发怒的可能性。如果刘力当时能这样谈起，就完全可以避免一场争吵："我想告诉你，我有些不舒服，也可能是这些天的考试使我过于紧张烦躁了，昨晚我没有睡好，今天 5 点又被你弄醒，我心里有点恼火，你似乎没考虑过我在休息。"

听了这些话，张杰或许就会明白自己的过错，而且不会发火。

金无足赤，人无完人，朋友也是有缺点错误的。作为好朋友，就要直陈人过，积极开展批评。我们要赢得朋友的友谊，在说话时，就不要因对方一件事没做好，就说些不顺耳的话，小则造成不愉快，大则会因此失去真诚的友谊。指出朋友的缺点时，不仅要使用委婉的话语，还要注意不要当众批评朋友，免得让朋友在众人面前难堪。

第七章
批评的口才技巧

掌握好一定的尺度和分寸

责骂他人时，一定要掌握一定的尺度，替对方保留颜面。同时对事不对人，之后也要懂得道歉，并适时安慰对方，让其有被信任的感觉，这样才能创造更好的互动关系。

当身边的朋友或同事做了伤害自己的事情，你也许会一时冲动责骂对方。当然，如果不是什么严重的事情最好不要使用责骂的方式。如果真的非要骂人不可，一定要把握好尺度。如若能备点甜头，让被骂者即使痛在心头，还能甜在嘴中，那是再好不过的了。

松下电器公司的创始人松下幸之助，除了在企业经营管理方面有独到的智慧，同时他也是一个善于用人的好领导，即使是骂人，也能骂得员工心服口服。

后藤清一是三洋电机的前董事长，他有一段时间曾任职于松下公司。有一天，后藤清一因为工作上犯了错，被叫到松下幸之助的办公室接受训话。松下幸之助见到他后，情绪犹如火山喷发，非常生气地斥责了他。由于过于激动，他甚至用手拿起桌上的打孔机来敲桌子，直至敲坏。过了一会儿，松下幸之助心情恢复平静之后，对后藤清一说："很抱歉，刚才我太生气了，所以把打孔机敲坏了，你可不可以把它修好呢？"

后藤清一受到责骂后，原本只想赶快离开董事长的办公室，无奈之下只好接受请求，拿着打孔机在一旁敲敲打打，慢慢地将它修好。这时，他的心情也平静了许多。

松下幸之助对后藤清一称赞道："你做得很棒，简直跟原先的一模一样！"

后藤清一离开后，松下幸之助就悄悄地打电话到他家里，对他的老婆说："今天你丈夫回家后心情可能不太好，今天因为工作上的事情，我责骂了他，麻烦你多安慰他。"

当后藤清一带着满肚子的委屈下班回到家时，他原本想告诉老婆自己打算辞职不干了。没想到老婆看到他就说："真如你们董事长所说，你的心情果然不好，谁又能不犯错，哪个下属没有挨过上司的骂呢？"

后藤清一这才明白董事长早已事先交代他的老婆对他进行劝慰，这让他心里感到很温暖，也激起了他对松下幸之助更大的忠心。

在这里，松下幸之助的聪明之处在于，他在责备时掌握了极好的分寸，让员工体会他爱之深、责之切的心情，从而更心甘情愿地为他工作。

如果要责骂他人，一定要对事不对人，之后也要懂得道歉，并适时安慰对方，让其有被信任的感觉，这样才能创造更好的互动关系。

1. 不在大庭广众之下怒斥别人，维护他人尊严

批评时考虑时间、场合和机会。假设一位领导带着部下到客户那里去访问，当领导发现部下在言谈举止上存在问题时，又不能当着客户的面提出批评，这时候，最重要的还是要用高明的谈话方法，把部下的缺点掩饰过去，当没有旁人的时候，再对部下提出批评。

2. 对事不对人

斥责时应尽快切入要点，让别人觉得挨骂是为了全局的利益着想，

而非针对个人。有人批评人时总是说:"从你做的这件事就能看出你这个人怎样。"这是批评之大忌,批评时,只能针对事情,而不能针对个人的人格、品性,拿事来说人。

比如可以这样说:"根据往常的经验我知道,你不至于犯这种错误,是否有什么原因使你这次没有做好充分准备……"这种气氛有助于使对方认识到不是批评他这个人,而是批评他的某项工作或某件事情。如果把批评指向他人的活动,就无损于受批评者的整个形象,这样就把批评建立在友好的气氛中,使对方欣然接受批评。

3.不要新账旧账一起算

任何受批评者都不喜欢这样的行为——被翻出以前的旧账,把所有的错事都抖出来。一个讲理的批评者也应该尊重这点,如果一次只谈一件错事的话,一定会比一下搬出所有错事的做法好,不至于令人绝望,而且更愿意倾听批评。当然,没有人喜欢被批评,特别是你不分青红皂白一味地指责。

话说三遍淡如水,要想对一个已知的过错引起注意,一次提醒就足够了。批评两次完全没有必要,而三次就成了纠缠。批评不是存款,时间越久,利息越多,总是翻别人的老账,唠叨个没完,是非常不明智的。批评别人时,宜"就事论事",不要旧账新账一起算,在交谈结束时,说几句:"我相信你会从中吸取经验教训的。"诸如此类勉励的话,就会让人觉得这不是有意打击,而是真心帮助他。这样,他便会打起精神,更加踏实地投入工作。

以理服人，让对方心悦诚服

相同的意思，如果使用一定的表达技巧，即使是批评人的话，也会让对方听得心悦诚服。批评，在工作或生活中是难免的。但批评对谁来说都不是一件让人愉快的事。其实并非所有的批评都是带有恶意的。俗话说"打是亲，骂是爱"，只有真正关心你的人才会给你批评和意见。

现实中，多数人在做了错事之后，他们心里对自己的行为都会感到非常惭愧，时刻受到良心的谴责。这时候如果你不能用体谅他的方式，反而一味地"攻击"他的错误，尽管批评者是出于好意，但对方却无法接受，非但不会改过，反而会变本加厉。所以，这种批评方式，一开始就注定会失败。

例如，某公司一位员工上班经常迟到，上司若是当面对他说："你还想不想干了？"与其这么说，倒不如说："我想你也认为迟到是不对的，若是你能坚持这样的正确想法，相信在不久的将来，你也能发觉准时上班的乐趣。"这样的说法应更能让他接受。

如果你的批评言语刺伤了他人，即使说得再多，他也会无动于衷。相反，若能肯定对方，之后再说出自己的意见，那将比任何威胁的话都来得有效，更容易让对方接受你的劝解。所以不妨用"我想你内心也必定这样想"这样的话来做开场白。

金无足赤，人无完人。没有人不会犯错误，面对别人的错误，也许你忍不住要大发雷霆。但往往事发过后，你可能会沮丧地发现，你的"善意"并不被对方接受，甚至结果让你追悔莫及。可见，要"成功"

地批评人，也不是一件容易的事。

批评他人的过失，应该让对方心悦诚服地接受批评，改正错误，并由此受到激励。下面告诉你一些批评的技巧：

1. 会换位思考，不可羞辱对方，让人失去尊严。

2. 点到即收，不可无休无止。

3. 不揭伤疤，不吹毛求疵。

4. 从批评自己开始。

5. 学会先表扬后批评。

6. 语气要委婉，会旁敲侧击。

7. 在批评中提出建设性意见。

公平公正调解纠纷

调解纠纷和矛盾，一定要遵循分清是非、客观公正的原则，做到分析中肯，批评合理、劝说得当。这样才能让人信服。

人们在交往中难免会发生这样那样的矛盾，当矛盾进一步激化时，就非常需要有一个人在旁调解。调解他人纠纷，实在是个非常棘手的问题，如果处理不当的话，就很有可能在你的身边埋下一颗定时炸弹。

调解他人纠纷时要考虑自己的角色，即你与他人双方之间的关系，摆正了这种关系，才能正确地调解他人纠纷。在调解纠纷时，不需要对矛盾的双方进行批评指责。相反，分别赞美争执的双方，肯定他们各自的价值,给予其充分的尊重,使他们感到再争执下去只会损害自己的形象,这样双方就会自觉放弃争吵。另外,调解纠纷还要顾及矛盾双方的心态及立场,尊重他们的自尊,给足其面子,是成为打圆场高手的必备武器。

对无关大是大非的小争执,作为调解者,不妨采取"和稀泥"的策略。

要学会"和稀泥",当个"泥水匠",也是要下大力气的。劝架者若能端平一碗水,不偏袒一方,吵架者自然会信服。要做这一点,必须把握劝架的一些技巧,一般说来,劝架的技巧有五个要点:

1. 要了解情况

盲目劝架,讲不到点子上,非但无效,有时还会引起当事人的反感。"不了解情况,瞎说什么?"而弄清情况再讲话,效果就较好。假如是面对邻居、同事中原因复杂的争吵,更要从正面、侧面尽可能详尽地把情况摸清,力求把话讲到当事人的心坎上。解绳结要看清绳结的形状,解除心中的疙瘩,更要把疙瘩看透。

2. 要分清主次

矛盾有主次方面,吵架的双方有主次之分。劝架不能平均使用力量,对措辞激烈、吵得过分的一方重点做工作,就比较容易平息纠纷。如果不分主次,平均使用力量,效果肯定不佳。

3. 批评要婉转

人在吵架时心中有火气,嘴上没好话,耳中听不进劝告。因此,劝架时不要纠缠于吵架人的某些过激言词,要多用委婉语,注意不要触及当事人的忌讳。一般情况下,尽量不要用激烈尖锐的语句,力避火上添油，而要用好言好语"降温"。当然，在某些特殊情况下，如吵架的双方矛盾白热化，甚至拿刀使棍动起武来时，就要用高声断喝，使当事人清醒，阻止他下手。如大喊："不准打人！有话好好讲！""不能这样蛮干！把棍子放下！""谁敢动刀，我就报警！"

4.语言要风趣幽默

吵架时，双方脸红脖子粗，气氛紧张。这时，用一两句风趣幽默的话，就像清凉油、润滑剂，可以"降温""放松"，缓和紧张的气氛，吵架人想发火也发不起来了。

5.要客观公正

劝架要分清是非，十分公正，做到分析中肯，批评合理，劝说得当。不能无原则地"和稀泥"，不分是非各打五十大板。应该实事求是，恰如其分，既要弄清是非，又要团结同志。

一句话，调解他人纠纷时，一定要做到公平公正、不偏不倚、一碗水端平，你如果做不到这一点，那么将要发生的，可能是比这更大的矛盾，并且是冲着你来的。

用表扬开场，自然切入批评

当人们听到别人对自己的某些优点或长处表示赞美之后，再听到对他们的批评，心里往往会好受得多。

人非圣贤，孰能无过。如果别人犯了错误时，你一针见血地指出他的错误,往往收不到预期的效果。会说话的人总是能寓批评于褒扬之中,给苦口的"良药"包裹上一层糖衣,从而使他人愉快地接受批评。

中国曾援建某国一个大型运动场,但在施工的过程中,该国电力部门不予配合,造成老是停电的问题,使工程难以按期完工。中国工程队负责外事的黎晓女士找到该国电力部门经理,请求其支持自己的工程,谁知对方百般推诿,多次协商依旧没有作用。黎晓决定智取,她先设宴款待那位经理,并不断以外交辞令夸赞他"颇有才干",感谢他的"支持与合作"。

正当对方喜不自禁时,她话锋一转,以调侃的语调说:"你身为电力部门的负责人,如果因为贵单位的原因,使我们不能按期完工,虽然我们会在经济上受损失,可是对您的影响却会更大。因为如果贵国运动会不能如期召开,那么,您的领导职位也可能保不住。"黎晓的一番话,在软硬夹攻中点明了要害,立即引起对方的重视。那位经理只得笑说不会误期。

工地上很快就恢复了供电。

批评的最终目的不是把对方压垮、不是整人,而是为了帮助他成长,不是去伤害他的感情,而是帮他把工作做得更好。严厉的批评,容易引起对方的逆反心理,往往难以达到预期的目的。而把批评和赞美结合起来的批评方式,则能满足对方的某种心理需要,削弱批评可能带来的反感,让人易于接受。

有的领导之所以善于批评,就是他们能采取先扬后抑的方式,比如:"小张,你的报告写得不错,你肯定费了不少心血,同时,还有

第七章
批评的口才技巧

一个重要的问题要注意涉及……""小李，自从你调到这个单位来之后，表现不错，我非常赞赏你取得的成绩。就是有一点我觉得你可以做得更好，我相信你一定愿意改正的……"如果对方需要得到忠告批评，要从赞扬其优点开始。这种方式就好像外科医生手术前用麻醉药一样，病人虽然有不舒服的感觉，但麻醉药却能消除痛苦。从赞扬开始，以忠告结束批评，问题也解决了，也没伤害感情。

如同赞美有助于打开一扇大门一样，如果在批评中融合褒扬，就会满足对方的面子需要，有助于克服批评中经常遇到的面子障碍。而一旦发生这种面子障碍，受批评者就会产生抵触情绪，乃至强烈的对抗情绪，容易使人变得不理智，以固执己见来排斥批评，结果往往很难收场。

当人们听到别人对自己的某些优点或长处表示赞美之后，再听到对他们的批评，心里往往会好受得多。这是一种普遍的心理现象。所以，在批评别人前要很好地利用这一点，要杜绝那些很难收到良好批评效果的冰冷的言辞，而要把批评和赞美结合起来，在对别人提出批评之前，先赞美一下对方，肯定对方的价值，满足其某种心理需要。这样，一方面可以削弱批评本身让人难以接受的程度，另一方面也使被批评者不致产生逆反心理。

一些企业家主张使用"三明治"批评方法，即在批评别人时，先找出对方的长处赞美一番，然后再提出批评，最后再使用一些赞扬的词语使谈话在友好的气氛中结束。这种两头赞扬、中间指责的方式，很像三明治中间夹馅儿，故以此为名。用这种方式处理问题，对方可能不会太难为情，减少了因被激怒而引起的冲突。这种方法还会让被批评者受到鼓励和激励。

如果批评是必要的，关键是掌握批评的方法，如果你想让你的批评卓有成效，应该铭记：

批评要当面。人后不说闲话，批评也是如此，对下属的批评，一定要当面指出。

批评要秘密进行。和他单独交谈，让他体会到你的批评是善意的、是对他的关怀，进而使他愿意正视自己的问题与错误。

批评时用词要恰当。一是不要使用戏谑言词，如果你以戏谑的口吻，很容易会被对方误解为讽刺；二是不要冷言冷语地批评，尤其不要讽刺挖苦、污辱人格或骂人。

把握批评的"度"。批评的话不在多，而在精妙，要语言精练、一语中的。言语啰嗦、拖泥带水、东拉西扯，这是对当事人不尊重的表现。让人云里雾里不知所云，甚至会产生急躁情绪，就达不到批评的目的了。

迂回含蓄的批评技巧

人人都有犯错的时候，所以领导对下属不能求全责备。如果确需批评属下，就应该讲究批评的技巧，而不能对其冷嘲热讽、极尽挖苦之能事。

很多领导发现下属犯错误时，通常是直言不讳、立马制止。然而直接进行唇舌交锋，这样往往达不到你要的效果。这时候，采用迂回含蓄的方法胜过当面批评。

一天，查尔斯·斯科尔特经过受他管理的美国钢铁公司的一家钢铁厂。当时正是中午，工人们正在休息抽烟，而他们的头上正好立着一块大牌子，上面明确写着"禁止吸烟"。

也许有人会直接走上前去说："你们看不到不准吸烟的标语吗？"或者"你们不识字吗？"但是，斯科尔特没有这样做。他走向那些工人，递给每人一根雪茄，然后说："各位，如果你们可以到外面去抽这些雪茄，我将感激不尽。"工人们立刻意识到自己违反了一项规定，同时，他们也更加敬重斯科尔特。

在与别人交往时，我们既要懂得中肯的批评，也要懂得热情的赞美。批评是为了帮助对方认识错误、改正错误，积极把事情做好，而不是要制服别人或把别人一棍子打死，更不是为拿别人出气或显示自己的威风。

聪明的领导在批评下属时，都会用温和的态度去面对批评对象，用尽量委婉的说法指明对方的错误之处，并将自己的表情、态度、强调融入批评语中，因为他们相信迂回指责胜过当面批评。在这方面，周恩来总理可称得上是我们的榜样。他总是抱着与人为善的态度，对同志的缺点错误及时进行批评教育，令人心悦诚服。

1952年，周总理召集有关人员，逐字逐句讨论、修改一份文件。打印前，他又专门叮嘱一位同志把好最后校对这一关。但当周总理拿到稿子后发现仍然有错别字时，他并没有直接批评校对的同志。

第二天，周总理与大家共进午餐时，特地与这位向志碰了杯，笑着对他说："罚酒一杯吧！"简简单单的一句话，既亲切又严肃，在点明了这位同志错误的同时，还没有让他在众人面前出丑。

人人都有犯错的时候，所以你对下属不能求全责备。如果确需批评属下，就应该讲究批评的技巧，而不能对其冷嘲热讽、极尽挖苦之能事。通常而言，如果某人做错了事，其内心深处一般会进行自我反省，觉得抱歉、恐慌、不知所措，这个时候你再批评指责他，他就会因你的谴责而羞愧难当，有的甚至从此一蹶不振、丧失自信。

如果你能使用迂回的方式含蓄地批评对方，将会起到很好的效果，比如你可以说："你平时做事非常细心，相信这次只是一个例外""你的能力没问题，如果能够认真些，就更好了"等，如果你对犯错者用这样的语言委婉提醒，对方不仅会感激你对他的信任，同时还会感受到你的真诚，并在以后的工作生活中更加谨慎，努力不再犯类似的错误。同时也会提醒自己其他的一些不良工作习惯，并适时改正自己的缺点与错误。

先自责，再去批评别人

美国心理学家卡耐基常常带一只叫雷斯的小猎狗到公园散步。因为他们在公园里很少碰到人，又因为这条狗友善而不伤人，所以，他常常不给雷斯系狗链或戴口罩。

第七章
批评的口才技巧

有一天，他们在公园遇见一位骑马的警察。警察严厉地说："你为什么让你的狗跑来跑去而不给它系上链子或戴上口罩？你难道不知道这是犯法吗？""是的，我知道"，卡耐基低声地说，"不过，我认为它不至于在这儿咬人。"

"你不认为，你不认为！法律是不管你怎么认为的。它可能在这里咬死松鼠，或咬伤小孩。这次我不追究，假如下次再被我碰上，你就必须跟法官解释了。"

卡耐基的确照办了。可是，他的雷斯不喜欢戴口罩，他也不喜欢它那样。一天下午，他和雷斯正在一座小山坡上赛跑，突然，他看见执法大人正骑在一匹红棕色的马上。卡耐基想，这下栽了！他决定不等警察开口就先发制人。他说："先生，这下你当场逮到我了，我有罪。你上星期警告过我，若是再带小狗出来而不替它戴口罩，你就要罚我。"

"好说，好说"，警察回答的声调很柔和，"我知道在没人的时候，谁都忍不住要带这样的小狗出来溜达。"

"的确忍不住，"卡耐基说道，"但这是违法的。"

"哦，你大概把事情看得太严重了"，警察说，"我们这样吧，你只要让它跑过小山，到我看不到的地方，事情就算了。"

在这里，卡耐基为了免于责罚，用的是"先行自责"的技巧，使警察觉得自己受到尊重，从而表现出宽容的态度。

当一个人认为自己可能会被人指责时，不妨先数落自己一番，当对方发觉你已承认错误时，便不好意思再指责你了。如当你有求于对方时，一开始你就说"我这可能是无理的要求"，"我说这些话可能有点嘟囔"或"我说的话可能是过分了一点儿"。此时,即使你说的话确实令对方感到厌烦,对方也不会因此当面指责你。如果反复使用,反而会加强效果,使对方轻易听完你的要求,并接受你的要求。

批评需要遵循的四个原则

批评除了要有一个好的出发点,还要讲究一定的原则性。恰当的批评方式所产生的效果,可以使被批评者心悦诚服,愉快地接受批评,改正失误。同时还可以受到鼓励,在今后的工作和生活中朝着更好的方向发展。

1. 要首先作自我批评

在批评他人时,先从自身谈起,谈谈自己曾经也做过类似的错事。这样说,一方面可以消除对方因做错事而产生的过度的不安和悔恨,另一方面还可以为对方提供活生生的例子,使其认识到错误的严重性。同时还可以给对方带来一种认同感,缩短与对方的心理距离,营造一种心胸开阔、坦诚相见的良好的批评氛围,这样对方就能容易接受你的批评。例如:电视台记者小乔,因为采访时不认真,在写稿件时竟把报道中的地名和人名都写错了。新闻中心主任对小乔进行了批评:"小乔,你知道吗,你的稿件出现了错误。要知道,我刚开始从事新闻工作时,也出现过类似的错误。人不可能天生是个万事通,很多经验是在实际的工作中总结得出的。我不想批评你,但如果你稍微注意一些,这种情况是可以避免的。"小乔听到这些话,愉快地接受了批评,以后再也没有出现过类似的失误。

2. 要多做换位思考

换位思考是批评者与被批评者交换角度,让被批评者站在批评者的角度去看待批评。让他想一想:"如果你是我,你想想我出现了这样的错,你批不批评?"同时也让批评者站在被批评者的角度想一想,假如我是他,我是否能认识到自己的过错?能否主动检讨?这样,双方都站到对方的立场设身处地地想问题,在批评和间接批评时就容易协调了,批评者也能根据对方认识错误的态度而把握批评的分寸了。

3. 提出建设性意见

通常批评他人,只是指出了对方所犯的"错误",并不指出对方应如何去纠正,所以,不可能收到积极的效果。积极的批评是在开展批评的同时,提出一些建设性的意见供对方参考。这种建设性批评可以削弱批评中的否定因素,制造出良好的解决问题、改进工作的气氛。在这样的气氛中,被批评者不但没有在批评中感受到太多的不快,反而自然而然地放弃了原来的主张而采纳了你的意见。

例如:张大妈有三个孩子,可三个孩子均以工作忙为由不去照顾老人。由于老伴去世早,老太太整天很孤独,尤其是当老太太生病时,更是靠街坊邻居照顾。社区孙主任了解到这个情况后,把张大妈的三个孩子召集到一起。孙主任是这样说的:"大家都知道,你们三个人的工作都非常忙,时间挺紧张的。可我们每个人都有赡养老人的责任和义务,你们看能不能克服一些困难,交替着照顾老人?如果实在是抽不出时间，可不可以商量个合适的办法，解决老人的实际问题。"孙主任在这番话中并没有直接指出不照顾老人不对，而是首先肯定了大家工作忙、时间紧张。接着又提出了建设性意见，"能不能交替照顾"。这样说被批评者较容易接受，并且也有了改正的方向。经商量，大家拿出了合适的照顾老人的方案。

4. 批评之前先表扬

批评的气氛会直接影响到批评的效果，营造良好的批评氛围会收到较为理想的效果。如果在批评之前先对对方的某一长处进行赞赏，肯定对方的价值，满足其某种心理需要，那么就能够制造出较好的气氛。这样，一方面削弱了批评本身让人难以接受的程度，另一方面也使被批评者不致产生逆反心理而抵制批评。

例如：报社记者刘影，做事马马虎虎、大大咧咧的，稿子中常出现错别字，并且标点符号运用得也不规范。主任老苏这样批评他："小刘，你的稿件总能选择从一个非常新颖的角度入手，这在年轻人中是做得不错的，但如果你在写稿时能注意不写错别字和正确使用标点的话就更好了。"

苏主任的话让小刘听后，全然没有批评的感觉。苏主任先赞扬，充分满足小刘的自尊心，小刘自然高兴地接受了苏主任的批评。并且为了精益求精，小刘也十分注意稿件的"脸面"，写错别字和乱用标点的毛病也改掉了。